Genießen in

Salzburg

Über 200 kulinarische
Ausflüge durch die Stadt und
ins Salzkammergut

Carolina Gnigler

Salzburg Stadt

Vorwort 4

Salzburg Stadt 6

Genuss in einer kleinen Stadt von Welt 8
Tour de kulinarische Highlights 10
Was man in Salzburg gegessen und
getrunken haben sollte 14

1 — FRÜHSTÜCK
Vom Marmeladesemmerl zum Avocado-Toast 16

2 — BROT UND BÄCKEREIEN
Bestes Handwerk mit Tradition 22

3 — BISTROS, DELIS UND LUNCH-SPOTS
Leicht und fein gustieren (nicht nur) zum Mittagessen 26
Im Gespräch: Ein Bistro, das neue Perspektiven schenkt 28

4 — STREETFOOD, FOODTRUCKS UND WÜRSTELSTÄNDE
Genüssliches auf die Hand, von Arepas bis Käsekrainer 34
Tour de Würstelstand 36

5 — MÄRKTE IN SALZBURG
Buntes Treiben in alter Tradition 42

6 — INTERNATIONALE KÜCHE
Salzburg als kulinarische Bühne der Welt 46
Im Gespräch: Der Asia-Erziehungshelfer 48

7 — PANORAMABARS UND AUSSICHTSLOKALE
Haben Sie Salzburg von oben gesehen? 56

8 — KAFFEEHAUS
Von Melange, Cappuccino und Flat White 60

Tour de Cafe 62
Im Gespräch: Kaffee-Kompetenz
mit 220 GRAD 66
Salzburger Nockerl 72

9 — KONDITOREIEN, EIS UND SÜSSES
Süße Sünden auf die Salzburger Art 74
Im Gespräch: Vom Fußball zum Macarons-Meister 76
Die Sache mit der Mozartkugel 82

10 — WIRTSHÄUSER UND TRADITIONELLES
Kasnock'n, Holztäfelung und Stammtischseligkeit 84
Portrait: eat & meet – das Kulinarikfestival 90

11 — RESTAURANTS UND FINE DINING
Fein speisen, nicht nur am Abend 92
Ikarus, grüß mir die Sterne –
Das Gourmetrestaurant des Hangar-7 94

12 — FESTSPIEL-KULINARIK
Essen, trinken und feiern vor und
nach den Vorstellungen 102
Am Sonntag 108

13 — BIERKULTUR
Hopfen und Malz statt Salz 114
Tour de Bier 116
Ein historisches Portrait: Craft Beer,
bevor es cool war 120

14 — WEIN, COCKTAILS UND BARS
Auf ein Achterl, ein Pint oder einen Gin Tonic 124
Tour de Beisl 126
Im Gespräch: Wein, seiner Zeit voraus 130

Inhalt

Salzkammergut   136

Spritztouren zu idyllische Seen und
romantischen Städtchen   138

15 — MONDSEE
Von Mühlen, Most und Märchenwesen   140
Ein historisches Portrait:
Die Erlachmühle im Mondseer Helenental   142

16 — ATTERSEE
Fisch, Bier und türkisblaues Wasser   148
Portrait: Vom Netz auf den Teller   150

17 — TRAUNSEE
Gepflegt schlemmen am glücklichen See   158
Portrait: Tu Lacus Felix   160

18 — WOLFGANGSEE
Kulinarisches Glück zwischen Pilgerweg und
Schäfchenwolken   164
Portrait: Auf Schafwolke 7   166

19 — BAD ISCHL
Genüssliches Lustwandeln, nicht nur für Monarchen   172
Naschen wie ein Kaiser – Auf Spurensuche   174

Salz kammer gut

Nachwort   180
Genussregister   184

Vorwort

Als ich vor einigen Jahren die ersten Einträge meines Salzburger Foodblogs ins Internet entließ, wäre mir nie in den Sinn gekommen, dass dieser kleine Klick auf das Knöpfchen „Veröffentlichen" so große Folgen haben würde. Wer denkt schon daran, einst einen ausgewachsenen kulinarischen Guide durch seine Heimatstadt verfassen zu dürfen, wenn er eine digitale Elegie auf die lokalen Würstelstände schreibt?

Umso mehr freue ich mich, bin stolz und etwas aufgeregt, dass ich Ihnen auf den nächsten Seiten mein ganz persönliches Salzburg zeigen darf – ganz analog, zum Mitnehmen und hoffentlich gerne darin Blättern. Es ist ein Salzburg, das ich mir in Hunderttausenden Kalorien erarbeitet habe, das sich meist fernab von mozartkugelförmigen Klischees bewegt, die gute Gesellschaft im Gourmetlokal ebenso zelebriert wie spontane Meetings am Imbiss-Stand und das ein Kaleidoskop all dessen sein will was gut und genüsslich ist.

Um die Orientierung zu erleichtern, ist „Genießen in Salzburg" entlang der Mahlzeiten des Tagesverlaufs aufgebaut. Beginnend mit dem Frühstück und endend beim Fadeout in den Bars und Beisln der Stadt widmet sich der erste Teil des Bandes dem köstlichen Erkunden der Stadt Salzburg und wagt sich nur in Einzelfällen über deren Grenzen hinaus – wenn es um Festspielwirte geht etwa oder besonders ikonische Produzenten.

Das mit den „Ausflügen ins Salzkammergut" im zweiten Teil des Buchs ist übrigens ganz wörtlich gemeint: Das Salzkammergut ist ein so großer Kultur- und Genussraum, dass eine erschöpfende Behandlung auf seinen begrenzten Seiten kaum Platz hätte. Deswegen begnügen wir uns mit kulinarischen Stippvisiten an die beliebtesten Seen der Region und kosten uns durch Geheimtipps an Attersee, Traunsee, Wolfgangsee und Co.

Wenn nicht anders angegeben, befinden sich die Adressen in Salzburg Stadt, Postleitzahl 5020. Die aktuellen Menüs und Öffnungszeiten lesen Sie bitte auf den jeweiligen Websites nach. Die Angaben zu allen Tipps in diesem Buch wurden sorgfältig recherchiert; sollte sich zwischenzeitlich etwas geändert haben, bitte ich um Nachsicht. Meine absoluten Lieblinge sind besonders hervorgehoben, um sie sofort ausfindig zu machen.

Genuss, ein subjektives Vergnügen

Wie es zu meiner Auswahl an Restaurants, Cafés, Bars, Wirtshäusern und Imbissbuden kommt? Ganz einfach: Sie ist schrecklich subjektiv. Was ich mit Ihnen teile, ist nämlich weder ein vollständiges Register noch eine Ansammlung von Gastrokritiken, wie man sie aus bekannten Gourmetführern kennt. Stattdessen stelle ich Ihnen mein ganz persönliches Salzburg und Salzkammergut vor, wie ich es gerne mit Freunden und Familie genieße, fernab aller Klischees und ohne auf Hauben oder Sterne zu achten. Ich führe Sie zu meinem Lieblingskaffeehaus, verrate Ihnen, wo man die besten asiatischen Dumplings und die deftigsten Kaspressknödel findet, nehme Sie mit zu jener Weinbar, in der ich meinen Junggesellinnenabschied gefeiert habe, und stelle Ihnen Gastronomen, Lokale und Gerichte vor, die mir über die Jahre ans Herz gewachsen sind. Einige der Adressen könnten durchaus in mehreren Kapiteln des Buches aufscheinen. Ich habe mich jedoch entschieden, sie dort zu platzieren, wo meines Erachtens ihr Spezialgebiet liegt – so kann ich die Genussvielfalt Salzburgs so breit wie möglich für Sie auffächern.

Ich wünsche Ihnen eine genussreiche Lektüre und köstliche Ausflüge ins Salzburgerische!

Herzlich,
Carolina Gnigler

Salzburg
Stadt

Von der wichtigsten
Mahlzeit des Tages
hinein in duftende
Bäckereien, bis zum
schnellen Mittagessen
am Würstelstand oder
doch entschleunigt
im Bistro, über die
legendäre Mozartkugel
zwischendurch, zu
den schönsten Aus-
sichten und besten
Absackern in den
In-Bars von Salzburg.

6–135

Genuss in
einer kleinen Stadt
von Welt

Salzburg, so kommt es mir oft vor, muss von einem Zuckerbäcker erfunden worden sein. Weltberühmt ist das Stadtpanorama mit seinen Altstadthäusern in Pastelltönen, den vielen Kirchen und der trutzigen Festung und ebenso weltberühmt sind die kulturellen, aber auch kulinarischen Genüsse, die es in den Gassen zu entdecken gilt. Die Mozartkugel, das berühmte Konfekt aus Schokolade und Marzipan, ist das zuckersüße Standardsouvenir der Stadt und die Salzburger Nockerl ihr nicht minder saccharinlastiges Identifikationsgericht.

Bekommen Sie beim Lesen schon Zahnschmerzen? Dieses süße Image mag Salzburg zwar zu Recht besitzen, doch bietet es so viel mehr als Schokolade und Soufflés. Hier stößt man auf eine der größten Gourmet-Szenen Österreichs ebenso wie auf fantastische Lokale mit internationaler Küche, alteingesessene Bäckereien, zeitgeistige Kaffee-

kultur oder Würstelstände mit jahrzehntelang bewährter Qualität.

Man muss nur etwas genauer hinsehen und sich auch in weniger touristische Stadtviertel vorwagen, dann entdeckt man Craft-Beer-Brauereien neben Multikulti-Streetfood, Mostschenke und World Delis.

Zu all diesen Orten sollen die folgenden Seiten Ihr Wegweiser sein. Fein säuberlich in Kategorien unterteilt finden Sie meine persönlichen Empfehlungen vom Frühstück bis zum Schlummertrunk, Tipps für kulinarische Stadtspaziergänge, gastronomische Veranstaltungen und Anatomiestudien zu den wichtigsten Spezialitäten der Stadt. Die Auswahl ist dabei so streng subjektiv wie meine Meinung zu den einzelnen Adressen und ich hoffe, auch Ihren Geschmack getroffen zu haben.

Genießen in SALZBURG STADT

Ein kulinarischer Stadtspaziergang, der alle Sinne berührt und Sie zu den wichtigsten Adressen aus der Kategorie „Nur ja nicht versäumen!" führt: Entdecken Sie unterwegs Kleinode, traditionelle und überraschende Highlights. Der Spaziergang ist so angelegt, dass er innerhalb eines Halbtages gut zu bewältigen ist – ganz fleißige Genießer haken ihre kulinarischen Triumphe auf der folgenden Top-Ten-Liste für Genuss (Seite 14) ab und finden darauf vielleicht noch den einen oder anderen Schatz.

Tour de kulinarische Highlights

700 Jahre Bäckerhandwerk

1

Stiftsbäckerei St. Peter

A   Kapitelplatz 8
T   +43 662 847 898
W   www.stiftsbaeckerei.at

Den Anfang unserer Tour bildet ein nicht nur kulinarisches Highlight: In der Stiftsbäckerei von St. Peter wird bereits seit rund 700 Jahren Brot gebacken. Im historischen Hof klackert das Mühlrad, und nimmt man die Stufen hinunter in die Bäckerei, kann man einen Blick auf den handbefeuerten Holzofen erhaschen, in dem das Backwerk entsteht. Zeit dazu bleibt meist genug, schließlich sind die Schlangen vor dem Verkaufsraum oft lang. Das Sortiment, das über den Ladentisch wandert, ist klein, aber umso besser: Brot, Vintschgerl, Brioche und Milchbrot stehen zur Wahl, alles nach traditionellem Rezept zubereitet. Die Spezialität des Hauses ist das Natursauerteigbrot, das sich rein auf die Verarbeitung von hausgemahlenem Bio-Roggen, Wasser und Salz beschränkt. Die so gebackenen Brote verzeichnen eine besonders gute und lange Haltbarkeit und eignen sich hervorragend als bescheidenes, essbares Mitbringsel für die Freunde, die schon alles andere haben.

Über den Markt zur Frischen

Grünmarkt

A   Grünmarkt am Universitätsplatz
Ö   Montag–Freitag ganztägig,
     Samstag vormittags

Wir verlassen den Hof der Stiftsbäckerei und wandern über den Domplatz weiter auf den Grünmarkt. Dieser große Frischemarkt rund um die Universitätskirche birgt zwar auch den einen oder anderen Stand mit touristischem Sortiment, im Kern ist er jedoch immer noch auf Gemüse-, Brot-, Fleisch-, Fisch- und Feinkoststände spezialisiert. Hier kaufen die Altstadtbewohner Lebensmittel des täglichen Bedarfs. Schauen Sie etwa am Stand der Bio-Fischzucht Krieg vorbei, bestaunen Sie Korbwaren oder Bauernblumensträuße! Nachdem wir uns ein wenig ins bunte Markttreiben gemischt haben, ist es Zeit für einen Imbiss: An einem der zahlreichen Würstelstände des Universitätsplatzes bestellen wir ein Paar „Frische". Diese typische Salzburger Wurstspezialität erinnert an die Münchner Weißwurst, wird am Würstelstand frisch (daher der Name) gegart und mit vorzugsweise süßem Senf serviert. Die Volksweisheit besagt, sie schmecken am Vormittag am besten!

Einen auf
die Gesundheit

3

Sporer Likör- und
Punschmanufaktur

A   Getreidegasse 39
T   +43 662 845 431
W   www.sporer.at

Einen kurzen Spaziergang weiter stoßen wir auf ein Salzburger Urgestein: In der Getreidegassen-Filiale der Sporer Likör- und Punschmanufaktur findet man häufig jemanden zum Anstoßen und immer beste Beratung beim Einkauf. Wer ein wenig verweilen will, bestellt ein Glas Wein, meistens besucht man den Sporer aber wegen seiner hochprozentigen Spezialitäten. Die Hausmischung, ein ausgewogener Kräuterbitter, ist neben dem berühmten Sporer-Punsch ein Klassiker. Fein schmecken auch Heidelbeerbrand oder Marillenlikör. Selbstverständlich lässt sich alles Hochprozentige auch flaschenweise kaufen. Und weil die traditionellen Sporer-Behältnisse fast ein wenig wie Apothekerflaschen anmuten, beschleicht einen beim Genuss stets das Gefühl, sich im Grunde etwas Gutes zu tun. Prost, auf die Gesundheit!

Stiftsbäckerei St. Peter

Grünmarkt

Sporer Likör- und Punschmanufaktur

Augustiner Bräustübl Mülln

4

Prost bei den Augustinern

Augustiner Bräustübl Mülln

A   Lindhofstraße 7
T   +43 662 431 246
W   www.augustinerbier.at

Auf den hochprozentigen Zwischenstopp folgt ein kleiner Spaziergang: Wir marschieren hinunter an den Salzachkai und bewegen uns in Richtung des Stadtteils Mülln. Hier machen wir Bekanntschaft mit einer alteingesessenen Salzburger Brauerei. Im Augustiner Bräu wird seit 1621 Bier gebraut und verkostet. Als „Bräustübl" klingt sein Name klein und fein, tatsächlich verbirgt sich dahinter aber eine der größten Biergaststätten weit und breit, mit mehr als Tausend Sitzplätzen in prächtigen historischen Sälen. Das hausgebraute, besonders süffige Bier wird hier immer noch aus Holzfässern in Steinkrüge abgefüllt, es herrscht Selbstbedienung und gerade im Sommer ist der kastanienbeschattete Garten ein Highlight. Im Schmankerlgang zwischen den Sälen und Stüberln verkaufen lokale Bäckereien und Feinkosthändler Leberkäse, Stelzen, Salate und Co. Unbedingt vorbeischauen sollte man beim Stand der Familie Atanassoff. Sie ist seit rund 40 Jahren auf Radi (weißen Rettich) und Radieschen spezialisiert, die nicht von ungefähr als klassische Begleiter des Augustiner Biers gelten. Prost!

Eines vorweg: Diese Liste ist nicht ausschließlich auf meinem sprichwörtlichen Mist gewachsen. Vielmehr ist sie ein Konglomerat aus verschiedenen Geschmäckern und kulinarischen Sehnsüchten, für das ich alteingesessene und neue, lang schon verzogene und oftmals zurückkehrende Salzburger und Salzburgerinnen nach ihrer gastronomischen Meinung gefragt habe. Dies hier ist die Schnittmenge ihrer Empfehlungen und Erfahrungen, durch die Sie sich nach Herzenslust schlemmen können.

Was man in Salzburg gegessen und getrunken haben sollte

1. Die Original Salzburger Mozartkugel aus der Konditorei Fürst

Seite 82

2. Eine Bosna im Balkan Grill

Seite 37

3. Radi (weißen Rettich) vom Stand der Familie Atanassoff und eine Halbe Bier im Augustiner Bräustübl Mülln

Seite 13

Café Sacher

4. Brot oder Brioche
aus der St. Peter Stiftsbäckerei

Seite 11

5. Salzburger Nockerl,
zum Beispiel im Café Sacher

Seite 78

6. Ein Stamperl Hausmischung oder
einen Orangenpunsch in der Sporer
Likör- und Punschmanufaktur

Seite 12

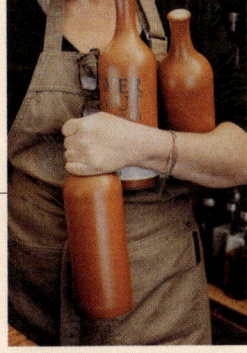

Kaviar vom Grüll

7.

Seite 32

Sporer

Eisl Eis

8. Die Cremeschnitte
in der Konditorei
Schatz

Seite 79

9. Pinzgauer Kasnock'n oder
Kaspressknödelsuppe
in der Andi Hofer Weinstube

Seite 87

10. Bio-Schafmilcheis
vom Eisl

Seite 81

Meine Favoriten

Frühstück im Schweiger Deli

1

Frühstück

Vom Marmeladesemmerl zum Avocado-Toast

Man sagt gerne, das Frühstück sei die wichtigste Mahlzeit des Tages. Grund genug, ihm hier ein eigenes Kapitel zu widmen, schließlich ist das gemeinsame Wochenend-Frühstück nicht nur in Salzburg ein beliebter Volkssport. In den Frühstückscafés und Delis der Stadt tummeln sich gerade am Samstag- und Sonntagmorgen die frühstückshungrigen Gäste und es ist in besonders beliebten Lokalen schwer, ohne Reservierung einen Tisch zu ergattern.

Wer rechtzeitig vorausplant, hat die Qual der Wahl: Soll es eines der bildschönen, vegetarischen Frühstücks-Brettln im Green Garden sein? Zieht der Gusto eher zu den Frühstücks-Tapas im Glüxfall? Steht einem der Sinn nach Pancakes und Avocado-Toast im Ludwig oder ist ein klassisches Kaffeehausfrühstück im Fingerlos der passende Start in den Tag? Die folgende Liste soll die Entscheidung ein wenig einfacher machen. Sie führt durch die wichtigsten Frühstücks-Adressen der Stadt und weist den Weg zu Marmeladesemmel, Eierspeise und Co. Oh, und übrigens: Nicht in jedem der genannten Lokale gibt es auch an jedem Morgen Frühstück. Ein schneller Check per Internet oder Telefon gibt Sicherheit.

Café-Konditorei Fingerlos

Café-Konditorei Fingerlos

SALZBURGER INSTITUTION
VIELE SITZPLÄTZE

A   Franz-Josef-Straße 9
T   +43 662 874213
W   www.cafe-fingerlos.at

Der „Fingerlos" ist in mehrfacher Hinsicht ein beliebter Anlaufpunkt: Einerseits ist das ganztägig servierte Frühstück legendär, andererseits die exquisiten Törtchen und Torten, die in verschiedenen Größen – vom ausgewachsenen Tortenstück bis hin zum winzigen Häppchen – in der Vitrine stehen. Feinschmecker ordern eine Auswahl zum Durchkosten.

Schweiger Deli

JUNG UND HIP | AM STADTRAND

A   Itzlinger Hauptstraße 93
T   +43 662 457918
W   www.schweigerdeli.at

Zugegeben, das Schweiger Deli am Ende der Itzlinger Hauptstraße liegt nicht unbedingt im touristischen Epizentrum der Stadt, eine Reise dorthin wird jedoch belohnt: Die blutjunge Inhaberin Juliana Vorderegger überzeugt mit hippem Flair, Kaffee, Flammkuchen, hausgemachtem Eis und schicken Frühstücks-Etageren. Ab und an gibt es kulinarische Veranstaltungen.

Schweiger Deli

Ludwig – Das Burger Restaurant

The Green Garden

The Green Garden

ZEITGEISTIG | INTERNATIONAL

A   Linzer Gasse 39
T   +43 662 872500
W www.ludwig-burger.at

VEGETARISCH | HIP

A   Nonntaler Hauptstraße 16
T   +43 662 841201
W www.thegreengarden.at

Wer Gusto auf hippes, internationales, trendiges Frühstück hat, sollte sich vertrauensvoll an Ludwig wenden. Das beliebte Burger-Lokal serviert etwa Pancakes, Avocado-Toast, Porridge, Granola, French Toast oder Eggs Benedict, die nicht nur ein wenig nach Sydney oder Los Angeles schmecken, sondern auch so aussehen. Dazu gibt es Kaffee der bayerischen Rösterei Dinzler, die verwendeten Eier haben Bio-Qualität. Beim Besuch sollte man aber ein Auge auf die Frühstückszeiten haben: Serviert wird dieses aktuell nur am Wochenende zwischen 9 und 11 Uhr.

In einer Kleinstadt wie Salzburg ein rein vegan-vegetarisches Restaurant zu eröffnen, kann auf Dauer nur funktionieren, wenn das Gebotene auch wirklich überzeugt. The Green Garden-Inhaberin Julia Ulrich hat genau das geschafft. Das kleine, helle Restaurant im dörflichen Stadtteil Nonntal setzt auf frische, regional-saisonale Küche mit Anspruch und beweist, dass das Einfache oft auch das Gute ist. Besonders beliebt ist das spektakuläre Frühstücksangebot, das nicht nur den Gaumen freut: Die üppig angerichteten Frühstücks-Bretter sind wahre Kunstwerke.

Schweiger Deli

Ludwig – Das Burger Restaurant

Fasties

BESTE QUALITÄT
AM SCHÖNSTEN IM GASTGARTEN

FASTIES ALTSTADT

A   Pfeifergasse 3
T   +43 662 844774
W   www.fasties-altstadt.at

FASTIES ANDRÄVIERTEL

A   Lasserstraße 19
T   +43 662 873876
W   www.fasties.at

Die Altstadt-Ausgabe des
Fasties in der Pfeifergasse
versorgt eigentlich den ganzen
Tag mit feiner Bistro-Kost, besonders wunderbar lässt sich
aber ein Frühstück im Gastgarten genießen: Frühstückspakete
aus besten Grundprodukten
werden liebevoll angerichtet,
der Service ist charmant, der
Illy-Kaffee fein – nicht umsonst
einer meiner persönlichen Lieb-
lingsorte für ein Sommerfrühstück.

Glüxfall

FRÜHSTÜCKS-TAPAS | EXZELLENT

A   Franz-Josef-Kai 11
T   +43 662 265017
W   www.gluexfall.at

Das Glüxfall gehört zu Recht
zu den beliebtesten Frühstücks-
Spots der Stadt. Auf der Karte
steht eine bunte Auswahl
an kleinen Frühstücks-Tapas,
die sich jeder Gast nach dem
Baukastensystem zu seinem
Lieblingsfrühstück zusammen-
stellt – und diese Tapas gehen
über altbekannte Frühstücks-
klassiker weit hinaus. So könnten
etwa Mini-Rehbratwürstel,
Dolcelatte mit Rhabarber-
Chutney, ein dampfgeschlagenes
Ei mit Speckmarmelade oder
Falafel mit Süßkartoffelcreme
auf dem Frühstückstisch
landen. Unbedingt reservieren!

Bio-Bistro im Rochushof

BIO-FRÜHSTÜCK | MIT FRISCHEMARKT

A   Rochusgasse 6
T   +43 662 83279811
W   www.oekohof.at

Der Rochushof im Stadtteil
Maxglan ist die städtische
Heimat des Ökohofs Feldinger –
eines Biogemüsebauern aus dem
Salzburger Umland mit einem
breiten Angebot. Dieses erhält
man im Rochushof wahlweise im
Bio-Markt oder im hauseigenen
Bio-Bistro, das auch frische
Frühstückskreationen serviert.
Vieles im umfangreichen
Angebot ist vollwertig und / oder
vegetarisch, manches vegan
und alles in bester Bio-Qualität.
So bestellt man etwa Frisch-
kornbrei, Quinoa-Rührei, ein
feines Bio-Lachsfrühstück oder
Croissants mit hausgemachter
Marmelade.

Fasties

Fasties

Genussbegleiter   21

Bäckerei-Konditorei Anton Hofmann

Brot und Bäckereien

2

Wie viele Sprichwörter zum Thema Brot fallen Ihnen spontan ein? Leben Sie etwa nicht vom Brot allein? Macht trocken Brot Wangen rot? Oder ist gegessenes Brot schwer zu verdienen? Eines ist jedenfalls sicher: Brot ist das wohl wichtigste und ikonischste Grundnahrungsmittel unseres Kulturkreises und damit unverzichtbarer Bestandteil unseres Alltags.

Gerade in den letzten Jahren feierten Brot und Bäckerhandwerk sowie das Rückbesinnen auf die Kunst des Backens eine wahre Renaissance. Kurse für Hobby-Bäcker, Ausbildungen zum Brot-Sommelier oder Spezialitätenläden für ausgefallene Gebäcksorten gehören zum Zeitgeist und alteingesessene Bäckereien erhalten neue Wertschätzung.

In Salzburg gibt es zahlreiche solcher Bäckereien, die ihr Brot und ihre Backwaren immer noch in traditioneller Handarbeit herstellen. Die meiner Meinung nach besten darunter darf ich hier vorstellen. Jener Spruch, der dieses Kapitel also am besten beschreibt, ist wohl: „Brot essen ist keine Kunst, aber Brot backen!" Wer diese Kunst in Salzburg wohl am schönsten beherrscht, erfahren Sie hier.

Bäckerei Ursprunger

Café-Bäckerei Holztrattner

Bäckerei-Konditorei Anton Hofmann

BESTE HANDWERKSKULTUR
PERFEKT ZUM MITNEHMEN

A   Kirchenstraße 49
T   +43 662 450 519
W   www.antonhofmann.at

Die Bäckerei-Konditorei Hofmann ist ein verstecktes Juwel im Stadtteil Itzling, in dem seit Generationen nach Familienrezept gebacken wird. Neben Torten und Kuchen locken dabei – je nach Angebot und Saison – Krapfen und Striezel an die Konditorvitrine. Auch für das hauseigene Natursauerteigbrot lohnt sich der Umweg in den Salzburger Norden.

Bäckerei Ursprunger

MEHRERE FILIALEN
BILDERBUCHCHARAKTER

A   Gstättengasse 4
T   +43 624 580 194
W   Zu finden auf Facebook

Die Bäckerei Ursprunger trägt einen besonders poetischen und dabei sehr passenden Namen: Sie erweckte jene Bäckereifiliale wieder zum Leben, die sich auf ihrer Fassade als die älteste Salzburgs ausweist. Im Jahr 1429 wurde der alte Betrieb in der Gstättengasse begründet, heute wirkt sie ein bisschen wie eine Bäckerei aus dem Märchenbuch: Die Filiale der kleinen Hausnische mit den bemalten Fensterflügeln und der stolzen Jahreszahl über der Tür zieht allerlei Beobachter an. Als besonders empfehlenswert gelten die Salzstangerl.

Bäckerei Funder

TRADITIONSBETRIEB | PURISTISCH

A   Nonntaler Hauptstraße 29
T   +43 662 841 332
W   Keine Website

Die Bäckerei Funder im dörflichen Stadtteil Nonntal ist ein Traditionsbetrieb im besten Sinne: Brot und Gebäck schmecken herrlich unverfälscht und sind nicht nur im Stammhaus, sondern auch in der zentral gelegenen Filiale am Anfang der Linzer Gasse erhältlich. Mein Funder-Liebling sind übrigens die wunderbaren Handsemmerl.

Café-Bäckerei Holztrattner

SYMPATHISCH | MIT KLEINEM CAFÉ

A   Schanzlgasse 8
T   +43 676 751 616 3
W   www.baeckerei-holztrattner.at

Wir haben im Bekanntenkreis dereinst eine Blindverkostung von Briochekipferl der städtischen Bäckereien veranstaltet und dürfen das Ergebnis verkünden: Das Briochekipferl der Bäckerei Holztrattner war unser Favorit. Die Brot- und Gebäckspezialitäten der sympathischen Bäckerei erhält man an mehreren Standorten im Stadtgebiet. Die zentralsten unter ihnen sind die Filiale nahe Mozarts Geburtshaus (Rathausplatz 1) und jene in der Brodgasse 9. Besonders gemütlich geht es aber in der Schanzlgasse 8 zu. Hier werden Brot und Gebäck nicht nur verkauft, an den kleinen Tischen hinter dem Tresen sowie im Altstadt-Gastgarten kann man sie auch zu Kaffee verkosten.

Café-Bäckerei Rösslhuber

VOR DEN TOREN
TIPP FÜR REISEPROVIANT

A   Dorfstraße 16
    5101 Bergheim bei Salzburg
T   +43 662 452 053
W   www.roesslhuber.com

Streng genommen unterhält der Rösslhuber sein Hauptquartier in der Gemeinde Bergheim bei Salzburg, einen Platz soll er hier aber trotzdem bekommen. Einerseits sind seine Back- und Konditorwaren auch in der Stadt erhältlich, andererseits ist er aus Qualitätsgründen unbestrittener Teil des lokalen Bäckerei-Kanons. Brot und Gebäck kommen aus Familientradition und Meisterhand, im großen Hauptgeschäft in Bergheim lässt sich auch Kaffee oder ein Mittagsmenü genießen. Wer die Bäckerei Rösslhuber in der Stadt besuchen möchte, hat etwa im Einkaufszentrum Forum 1 Gelegenheit dazu – die kleine Verkaufstheke nahe dem Bahnhof bietet sich etwa zum Kauf von Reiseproviant an.

Itzlinger's Biobäckerei

BIO-BROT | VOM MARKTSTAND

A   Karlmühlweg 9
    5324 Faistenau
T   +43 622 826 24
W   www.itzlingers.com

Die Bäckerei Itzlinger hat eine besondere Pionierrolle inne: Inhaber Jakob Itzlinger besann sich bereits besonders früh darauf, biologische Grundprodukte in sein Brot zu verbacken. Das Natursauerteigbrot vom Itzlinger gehört dabei zu meinen persönlichen Favoriten. Erhältlich ist es auf vielen altstadtnahen Frischemärkten, etwa am Grünmarkt (Dienstag, Mittwoch, Freitag und Samstag, am Universitätsplatz) oder auf der Salzburger Schranne (nur donnerstags, am Mirabellplatz).

Frische Kost im Pur:Isst

Bistros, Delis und Lunch-Spots

3

Ganz ehrlich – mit einigen der Lokale, Delis und Bistros in diesem Kapitel habe ich ein ganz konkretes Problem: Es ist einfach viel zu schade, dass manche unter ihnen abends geschlossen sind. Dabei befinden sich gleich drei meiner persönlichen Lieblingslokale in dieser Liste! Die teils etwas eingeschränkten Öffnungszeiten sind der Hauptgrund, warum ich diese, meine Hauptversorger für Pastrami-Sandwiches, Salate und Suppen, auf den Seiten fürs Mittagessen empfehle. Sie alle servieren primär leichte Küche, kochen frisch, oft nach Marktangebot, und haben oft wechselnde Speisekarten. Manche informieren online über ihre aktuellen Tagesgerichte und Mittagsmenüs – ein Vorab-Check, ob das Angebot du jour dem persönlichen Gusto entspricht, zahlt sich also oft aus!

Susanne Erhart (links) mit Kolleg*innen Martin und Elisabeth
aus dem Bauchladen-Team

„Ein Bistro, das neue Perspektiven schenkt"

Der Bauchladen gehört zu meinen persönlichen Lieblings-
lokalen in der Stadt. Wann immer es darum geht, sich ein
schnelles Mittagessen mit besonders glücklich machenden
Zutaten zu gönnen, ist er für mich und meinen erweiterten
Haushalt die erste Adresse. Was erst auf den zweiten Blick
auffällt: Der Bauchladen ist nicht nur ein World-Deli mit fantastischen Pastrami-Sandwiches, Salaten, Chatschapuri und
Suppen, er ist auch ein sozialökonomischer Betrieb von frauenanderskompetent, der langzeitarbeitslose Frauen bei der
Wiedereingliederung in den Arbeitsmarkt unterstützt. Die
Betriebsleiterin Susanne Erhart erklärt, wie es dazu kam –
und warum sich die Karte des Bistros so international gibt.

C   Carolina Gnigler: Wie ist das Projekt Bauchla-
    den entstanden?
S   Susanne Erhart: frauenanderskompetent ist
    vor rund elf Jahren als Teilbetrieb der anders-
    kompetent gmbh entstanden. Anstoß dazu gab
    eine Studie von Professorin Birgit Buchinger, die
    herausfand, dass Frauen mit Behinderung gera-
    de im Kontext mit Arbeitslosigkeit ein erhöhtes
    Armuts- und Gewaltrisiko tragen. Also hat man
    erkannt, dass es ein Projekt braucht, das sich
    genau dieser Gruppe in einem geschützten
    Rahmen widmet, das einen Raum für Austausch
    und Stabilisierung bietet. Daraus haben sich
    unsere vier frauenanderskompetent-Betriebe
    entwickelt, darunter das Bistro Bauchladen.

C   Das Ziel des Bauchladens ist also nicht nur, seine
    Gäste „satt und selig" zu machen, sondern auch,
    langzeitarbeitslose Frauen zu unterstützen?
S   Genau, das Ziel all unserer Aktivitäten ist es,
    dass sich unsere Mitarbeiterinnen persönlich
    stabilisieren und wieder Selbstbewusstsein
    erlangen, um erfolgreich eine neue Arbeitsstelle
    am ersten Arbeitsmarkt zu finden. Dazu werden
    wir auch vom AMS Salzburg gefördert. Unsere
    Mitarbeiterinnen sind bis zu einem Jahr in den
    frauenanderskompetent-Betrieben angestellt,
    werden in dieser Zeit begleitet, qualifiziert und
    unterstützt. Das bedeutet, dass unsere Betrie-
    be auch wirklich gut laufen und wirtschaftlich
    gut geführt sein müssen. Der Bauchladen ist
    also einerseits ein florierender Gastronomie-
    betrieb, der es Frauen andererseits ermöglicht,
    sich zu qualifizieren und dabei den persönlichen
    Erfolg und die Freude zu erleben, wenn unsere
    Gäste begeistert sind über das Geschaffene.

C   Wie sind die Teams im Bauchladen zusammen-
    gesetzt?
S   Die Frauen, die im Bauchladen arbeiten, werden
    von zwei FachbetreuerInnen begleitet. Diese
    sind Gastronomie-Profis mit hoher Sozialkom-
    petenz, die die Frauen anleiten und unterstüt-
    zen und so im Fach qualifizieren. Dazu gibt es
    einen begleitenden Dienst auf einer sozial-
    pädagogischen Ebene sowie Jobcoaching. Wir
    wollen uns im Bistro aber nicht über die sozial-
    ökonomische Schiene positionieren. Man soll
    als Gast nicht merken: Aha, hier bin ich in einem
    Sozialbetrieb. Unsere Mitarbeiterinnen sollen
    viel eher das Gefühl haben, in einem Lokal mit
    gutem Ruf zu arbeiten und so einen guten Start
    bei der Arbeitsplatzsuche zu haben. Und genau
    dieses Feedback bekommen wir auch ganz

Bauchladen

häufig von den Gästen: Man merkt gar nicht, dass man hier in einem sozialen Betrieb ist – im positiven Sinne.

C Die Menükarte im Bauchladen ist sehr bunt und international – wie kam es zu diesem kulinarischen Konzept?

S Das Konzept haben wir selbst entwickelt. Wir haben hier ein multikompetentes Team mit ganz bunten beruflichen Hintergründen sitzen – auch bei unseren Schlüsselkräften. Die Karte ändert sich dabei selten. Das hat auch damit zu tun, dass unsere Mitarbeiterinnen eine gewisse Konstanz in ihrer Arbeit brauchen und die Sicherheit, sich auf einem Platz einarbeiten zu können. Da geht es nicht, dass die Karte sich ständig ändert, weil sich die Mitarbeiterinnen dann nie in der Kompetenz, sondern immer im Defizit fühlen. Einen Ausgleich finden wir durch unsere Tagesgerichte, bei denen die Frauen die Möglichkeit haben, eigene Ideen und Impulse einzubringen. Die Internationalität bringen oft die Frauen selbst ins Spiel. Wir haben Frauen mit unterschiedlichen kulturellen Hintergründen und manche von ihnen bringen gerne Rezepte aus ihrer Heimat mit an den Arbeitsplatz. Oft sind dies Mitarbeiterinnen aus dem türkischen Raum – die gehen mit Teigen um, das hat man bei uns noch nicht gesehen! Solche Dinge sind auch für uns wahnsinnig bereichernd.

C Was ist dein persönliches Lieblingsgericht im Bauchladen?

S Der Salat mit Roten Beten, Belugalinsen und Frischkäse … wobei: Eigentlich würde ich am liebsten alles essen, aber das wäre auf Dauer fatal!

SUSANNES TIPPS FÜR SALZBURG	• Frühstück im Café im Park (im Paracelsus Bad, Auerspergstraße 2)
	• Hausmannskost bei Peter Lammer im Johanneskeller (Seite 87)
	• Das Flavour für ein feines Abendessen (Seite 97)
	• Frühstück und Co bei Schmaus und Browse (Bachstraße 70)

Magazin:

SCHICK | AUCH AM ABEND

A   Augustinergasse 13
T   +43 662 841 584
W   www.magazin.co.at

Das Magazin: ist ein
Tausendsassa. Das Lokal
in der Augustinergasse ist
nicht nur ein Bistro, das sich
mittags wie abends weltoffen
und gediegen gibt, unter der
gleichen Dachmarke finden
sich außerdem eine Vinothek,
ein Genuss-Shop sowie eine
attraktive Bar für Aperitif oder
einen Cocktail danach. Die
Küche gibt sich fein und betont
international, vom asiatisch
inspirierten Kung-Pao-Karfiol
bis zur mediterranen Pasta.

Bauchladen

Gusta-V

VEGAN | KLEIN UND FEIN

A   Wolf-Dietrich-Straße 33
T   +43 688 983 360 6
W   www.gusta-v.at

Ja, Sie haben richtig geraten:
Das „V" im Namen des Gusta-V
steht für dessen rein vegane
Speisekarte. Sandwiches,
Salate, Suppen und Kuchen,
die über die Theke des kleinen,
aber feinen Lokals wandern,
sind pflanzlichen Ursprungs
und auch der Kaffee aus der
großen Siebträgermaschine
wird, selbstverständlich, mit
Pflanzenmilch serviert. So freuen
sich Gaumen, Gewissen und
Umwelt!

Bauchladen

WORLD DELI | ABENDS GESCHLOSSEN

A   Sterneckstraße 37
T   +43 664 804 216 711
W   www.anderskompetent.at/
    frauen/bistro-bauchladen

Der Bauchladen hat sich von
meinem ersten Besuch an besonders nachhaltig in mein Herz
gestohlen. Das World Deli serviert internationale Sandwiches,
Salate, Suppen, kleine Gerichte
und wechselnde Tagesteller, die
Belegschaft speist sich teils aus
einem Projekt zur Wiedereingliederung langzeitarbeitsloser
Frauen in den Arbeitsmarkt. Das
Pastrami-Sandwich sowie der
Salat mit roten Rüben und Belugalinsen sind legendär gut.

Edlmann's im Bruderhof

EDEL | ABENDS BESUCHEN

A   Linzer Gasse 39
T   +43 664 885 168 80
W   www.edlmanns.com

Edlmann's bietet feine Kost
im besten Sinne und öffnet
seine Pforten meist erst
am Nachmittag. Die hier
servierte Brasserie-Küche
arbeitet mit Zutaten höchster
Qualität und serviert Tartars,
Pasta, Bouillabaisse, Steaks
und Co. zu ausgewählter
Weinbegleitung. Die Atmosphäre
im kopfsteingepflasterten
Bruderhof unterstreicht das
kulinarische Erlebnis mit
mediterranem Flair.

DIDIlicious

IN DER SHOPPING-PAUSE
INTERNATIONAL INSPIRIERT

A   Europastraße 1
T   +43 662 265 657
W   www.didimaier.at

Dass Promikoch Didi Maier
seine „Haubenküche für
jedermann" ausgerechnet in
einem Shoppingcenter serviert,
sollte Sie an dieser Stelle
keinesfalls abschrecken: Der
Europark, Salzburgs größtes
Einkaufszentrum, bietet ein
überdurchschnittliches Gastro-
Angebot fernab von landläufigen
Food-Courts. In der offenen
Küche des DIDIlicious werden
nach Rezepten des prominenten
Chefs leichte, kreative Gerichte
zubereitet, die oft international
inspiriert sind.

Pur:Isst

Pur:Isst

JUNG UND FRISCH
AUCH ZUM MITNEHMEN

A   Alpenstraße 115
T   +43 662 636 300
W   www.purisst.at

Wer im Pur:Isst einkehren will, muss sich weit in den Salzburger Süden vorwagen, wird dort aber mit frischer Kost voll internationalem Charme belohnt. Gekocht wird, wie es der Name schon verrät, natürlich und pur, ohne Geschmacksverstärker oder Konservierungsstoffe, die Karte liest sich leicht, frisch, hip und gesund. Zum Frühstück gibt es etwa Avocado-Ei, zum Lunch gesunde Bowls und abends locken die empfehlenswerten und etwas „sündigeren" Teriyaki-Ripperl. Das Publikum ist vorwiegend jung oder jung geblieben.

Grüll Fischspezialitäten und Bistro

FISCH UND KAVIAR
VOR DEN TOREN DER STADT

A   Neue-Heimat-Straße 13
    5082 Grödig
T   +43 624 675 492
W   www.gruell-salzburg.at

Wer in Österreich Kaviar sagt, muss auch Grüll sagen: Der berühmte Kaviar-Produzent züchtet seine Störe in Salzburg und dem angrenzenden Bayern und gilt mit seinem Shop und Bistro in Grödig bei Salzburg als beste Adresse für Fischgenießer. Feinkost, warme Bistroküche, immer wieder hausgemachtes Sushi, erlesene Weine und frische Austern rechtfertigen den Umweg in den Salzburger Süden und verlocken dazu, nach dem Mittagsschmaus ausgiebig für zuhause einzukaufen.

Vitalbistro Leichtsinn

LEICHTE KOST
ABENDS GESCHLOSSEN

A   Elisabethstraße 1
T   +43 650 333 114 3
W   www.leichtsinn-bistro.at

Das Vitalbistro Leichtsinn serviert unweit des Salzburger Hauptbahnhofs leichte Mittagsgerichte, Kuchen, Kaffee, Salate und Frühstück; Speisen, die angenehm dem Gaumen schmeicheln und dabei nicht zu schwer im Magen liegen. Kein Wunder, dass das kleine, vegetarierfreundliche Lokal mit hoher Bio-Quote besonders beliebt bei Einheimischen ist. Es empfiehlt sich, mittags einen Tisch zu reservieren.

Pur:Isst

Genussbegleiter

Arepas im La Piraña

Streetfood, Foodtrucks und Würstelstände

4

Zugegeben: Wenn man in Salzburg von Street-food spricht, meint man in vielen Fällen den guten alten Würstelstand – wobei sich dieser in Salzburgs Straßen meist von überdurchschnittlicher Qualität zeigt. Die allermeisten Salzburger Würstler beziehen ihre Ware bei ausgewählten Stammmetzgern, sieden ihre Frankfurter, Debreziner und Krainer mit Tradition und auf Bestellung eines eingefleischten Stammpublikums. Doch auch außerhalb der Würstelszene findet man entlang Salzburgs Straßen immer mehr Genießenswertes. Vom koreanischen Bibimbap über indisches Butter Chicken bis zu südamerikanischen Arepas gibt es mittlerweile allerlei Köstliches to go – man muss nur gut danach suchen.

Der Würstelstand ist sozialer Treffpunkt, das helle Licht, das städtische Nachtschwärmer in den heimeligen Wurstdunst zieht und dabei die wohl einzige gastronomische Subkategorie, bei der Vegetarier-Unfreundlichkeit zum Grundkonsens gehört. Am besten starten Sie die Wurst-Wallfahrt zwischen Montag und Freitag am frühen Abend. Die ersten beiden Stationen bestehen aus Tag-Würstelständen, die letzten vertreiben den nächtlichen Hunger. Probieren Sie regionstypisch eine Bosna und ein Paar „Frische".

Tour de Würstelstand

Startschuss mit Austro-Hotdog

Wir starten unseren Rundgang an einem der wichtigsten Punkte der lokalen Wurstkultur: Der Balkan Grill in einem unscheinbaren Getreidegassen-Durchhaus nahe des Universitätsplatzes hat bloß ein Gericht auf der Karte. Dafür ist der hier in mehreren Varianten angebotene Bosna, die wohl in Salzburg erfunden wurde und um deren Entstehung sich mehrere Legenden ranken, ein Kult-Erzeugnis. Diese alpenländische Version des Hotdog besteht aus zwei Bratwürsten im Brötchen mit Gewürzen, Petersilie, Senf und Zwiebel. Meinen persönlichen Favoriten bietet der nur wenige Quadratmeter große Balkan Grill, der seit Jahrzehnten von der Fleischhauerei Walter betrieben wird. Er hat sich auch heute noch auf Bosna spezialisiert, die in verschiedenen Spielarten durchs Fenster gereicht werden. Die stets vorhandene Warteschlange zeugt von Qualität.

Balkan Grill

A   Getreidegasse 33a
T   +43 662 841 483
W   www.hanswalter.at/
    infos-zum-bosnastand.html

Eine Bosna für Unterwegs

Sozialstudie mit Wurst am Universitätsplatz

Wir drehen dem Balkan Grill den Rücken zu und bewegen uns hinaus auf den Universitätsplatz. Dieser ist so etwas wie das Epizentrum der Salzburger Wurstkultur und beherbergt gleich mehrere Würstelstände, deren Besuch lohnt. Wobei ihre Zahl auch notwendig ist, immerhin befinden wir uns hier nicht nur mitten im regen Treiben des Grünmarkts, sondern auch in unmittelbarer Nähe zum Festspielbezirk, der gerade im Sommer hungrige Mäuler auf den großen Platz zwischen der Kollegienkirche und Mozarts Geburtshaus spült. Marktbesucher, Tourist oder Festspielgast: Am Würstelstand treffen sie sich alle! In großen grün-weißen Lettern lockt etwa der Salzburger Würstelstand mit gesottenen Spezialitäten und ein besonders lebendiges Würstelstands-Konglomerat befindet sich vor dem großen Ritzerbogen. Wer sich hier ins Gespräch mit den diensthabenden Würstelsiedern begibt, lernt so manches über die Vorlieben und Gewohnheiten des Salzburger Würstelpublikums und lauscht diversen Alltagsgeschichten. So viel geballte Wurst-Kompetenz findet man selten!

Burgi's Nr. 13

A   Grünmarkt am Universitätsplatz
W   www.salzburger-wuerstelstand.at

Audienz bei der Salzburger Würstelkönigin

Seit 1951 schon hält die Salzburger Würstelkönigin am Hanuschplatz neben dem Markartsteg Hof und erfreut sich dort ungebrochener Beliebtheit. Wer die Fürstin der Würste aufsucht und einen Blick auf ihre Karte wirft, entdeckt dort ein kleines Würstel-Glossar. Jede der angebotenen Würste wird, von der Frankfurter bis zur Waldviertler, detailliert erklärt, vom fleischlichen Inhalt bis zur Zubereitungsmethode. Besonders charmant ist der Herr am Wurstkessel und auch das zu den Würsteln gereichte Gebäck ist handwerklich erzeugte Qualitätsware.

Salzburger Würstelkönigin

A   Ferdinand-Hanusch-Platz
W   www.sbg-wuerstelkoenigin.at

Salzburger Würstelkönigin

Heiße Kiste

Später Hunger, Heiße Kiste

Alles hat ein Ende, nur die Wurst hat zwei – und deswegen führt der Schlussakkord unseres Würstelmenüs auf die andere Seite der Salzach. Hier begegnen wir mit der Heißen Kiste einem Fixstern der lokalen Nachtkulinarik. Hier stammt das Wurstangebot von der vielverehrten Metzgerei Karl in Salzburg Gnigl. Begleitet wird es von einer Auswahl an Sauergemüse und Gebäck vor nächtlichem Stadtpanorama mit leuchtender Festung und plätscherndem Brunnen. Wenn es die Heiße Kiste an jenem Ort, ideal platziert zwischen Staatsbrücke und der Bar-Meile in der Bergstraße, nicht gäbe, man müsste sie erfinden.

4

Heiße Kiste

A   Platzl 1
T   +43 664 143 624 2

La Piraña –
Latin American
Fast Food

LATEINAMERIKANISCH
IMBISS-STUBE

A   Müllner Hauptstraße 36
T   +43 650 870 220 1
W   www.la-pirana.at

Mit Arepas, gefüllten Maisfladen, lässt sich im La Piraña unweit des Landeskrankenhauses die persönliche Kalorienbilanz vortrefflich auffetten. Die kleinen lateinamerikanischen „Sandwiches" überzeugen mit inneren Werten aus gezupftem Huhn, Rindfleischstreifen, schwarzen Bohnen oder Kochbananen und lassen sich mit einer Auswahl an diversen Saucen nach Geschmack ergänzen. Wer Nachschlag will, bestellt Churros mit Schokodip (und hat die Kalorienfrage bis dorthin bestimmt schon vergessen).

Risottomas

RISOTTO TO GO | FOODTRUCK

T   +43 664 112 572 6
W   www.risottomas.at/

Wenn man landläufig an Streetfood denkt, kommt einem Risotto eher selten in den Sinn: Thomas, der Risottomeister, tritt mit seinem Airstream den Gegenbeweis an. Hier gibt es wechselnde Risotti mit unterschiedlichen Toppings in der Papierbox zum Mitnehmen. Neben klassisch italienischem „Risotto on the road" steht dabei etwa auch regional inspiriertes „Alpenrisotto" zur Wahl. Anzutreffen ist Risottomas an unterschiedlichen Standorten innerhalb und außerhalb der Stadtgrenzen – seine Webseite gibt Auskunft.

Kim 168

KOREANISCH | GARKÜCHE

A   Getreidegasse 14
T   +43 660 770 079 8
W   Zu finden auf Facebook

Ich muss zugeben: Auch ich habe das winzig kleine Kim 168, das nicht viel mehr ist, als ein Häuschen an der Wand eines Getreidegassen-Durchhauses, einst als Touristen-Ausspeisung abgetan. Dabei hat es gerade der koreanische Teil der Speisekarte der kleinen Garküche wirklich in sich. Herr Kim, der Mann hinter dem Wok, zaubert jede Portion Bibimbap oder Bulgogi frisch, serviert wird bei Sofortkonsum am authentisch brutzelnden Stövchen. Weniger Experimentierfreudige ordern Gerichte aus anderen asiatischen Nationalküchen.

La Piraña

Lakhi – Lucky Food

Mag. Gurtners Backhendl auf der Schranne

SALZBURGER KLASSIKER
NUR DONNERSTAGS

A   Donnerstags am Schrannenmarkt
    vor der Andräkirche
W   Zu finden auf Facebook

Es mag für Externe und andere „Zuagroaste" etwas seltsam anmuten, aber: Beim wöchentlichen Marktbesuch Backhendl und ein Seidel Bier zu frühstücken, ist in Salzburg nichts Ungewöhnliches. Verantwortlich dafür ist Mag. Gurtners Backhendlstand auf der Salzburger Schranne, die den Mirabellplatz um die Andräkirche donnerstags in einen der größten Bauernmärkte Österreichs (Seite 42) verwandelt. Gegessen werden die kross frittierten Geflügelteile mit den Fingern und im Stehen, das bunte Markttreiben rundherum sorgt für Atmosphäre.

Lakhi – Lucky Food

INDISCH | FOODTRUCK

A   Mirabellplatz 5
T   +43 664 167 422 2
W   www.lucky-food.at

Lakhi, die Betreiberin des silberglänzenden Foodtrucks mit fixem Stellplatz vor der Andräkirche am Mirabellplatz, kocht indisches „Lucky Food" nach ayurvedischen Prinzipien. Dabei findet man mit Gerichten wie Chana Masala, Samosas und Butter Chicken bekannte Klassiker auf der Karte und mit Masala Fries oder Aloo Tiki Wraps zeitgeistige Neuinterpretationen – wobei sich das Menü immer wieder ändert. Donnerstag, wenn der Platz um die Andräkirche vom großen Schrannenmarkt bevölkert wird, hat Lakhi übrigens Pause.

Pommes Boutique

BELGISCHE POMMES FRITES
IMBISSBUDE

A   Mirabellplatz 7
    Rudolfsplatz 1a
    Itzlinger Hauptstraße 17
    Alpenstraße 114
T   Je nach Standort, siehe Website
W   www.pommes-boutique.com

Wenn sich ein Burgerbrater nicht nach dem fleischlichen Teil seines Angebots benennt, sondern nach der typischen Beilage, hat das seinen Grund: In der Pommes Boutique läuft die Kartoffelbegleitung Cheeseburger und Co beinahe den Rang ab. Die Pommes frites nach belgischem Vorbild werden doppelt frittiert und zur hausgemachten Sauce serviert. Zum Kostenpunkt von rund drei Euro pro Portion macht dies die Pommes Boutique zu einem der beliebtesten Low-Budget-Lokale Salzburgs – die stattliche Anzahl von mittlerweile vier Lokalen im Stadtgebiet ist wohl Beweis genug.

Die Ruhe vor dem Sturm am Grünmarkt

Märkte in
Salzburg

5

Buntes Treiben in alter Tradition

Freunde und Freundinnen von regem Markttrei-
ben sind in Salzburg gut aufgehoben: Beinahe an
jedem Wochentag finden in der Alt- und Neustadt
Frischemärkte statt, auf denen lokale Produzenten frisches Obst und Gemüse, Käse, Fleisch- und
Fischwaren, Brot, Gebäck, Kuchen und allerlei andere Köstlichkeiten feilbieten. Die unumstrittene
Königin unter den städtischen Märkten ist dabei
die Salzburger Schranne, die den Platz um die
Andräkirche im gleichnamigen Viertel einmal pro
Woche in einen der bekanntesten Wochenmärkte
Österreichs verwandelt. Kosten Sie hier das kultige Backhendl oder einen Teller frische Fischsuppe
und beobachten Sie die lokale Bewohnerschaft
beim Wocheneinkauf! Soll es lieber ein pittoresker
Markt vor Altstadtkulisse sein, ist der Grünmarkt
am Universitätsplatz ein guter Kandidat – und sind
Sie Liebhaber von Bio-Lebensmitteln, dann werden Sie den kleinen, aber feinen Bio-Bauernmarkt
am Kajetanerplatz mögen. Einen Marktkalender
sowie weiterführende Informationen zu den
Salzburger Märkten finden Sie übrigens unter
www.salzburgerlandwirtschaft.at.

Grünmarkt

Ö   Montag – Freitag 7.00–19.00 Uhr,
    Samstag 6.00–15.00 Uhr
A   Universitätsplatz

Der Grünmarkt am
Universitätsplatz ist zwar viel
kleiner als die Schranne, aber
nicht minder traditionsreich.
Seit 1857 bauen vor der großen
Kollegienkirche Obst- und
Gemüsehändler, Blumenbinder,
Bäcker, Fleisch- und Fisch-
verkäufer ihre Stände auf –
und zwar an jedem Wochentag
außer sonntags. Wer Salzburg-
Souvenirs sucht, wird hier vor
der Altstadtkulisse ebenso
fündig. Zudem bietet der Universitätsplatz eine große
Dichte an empfehlenswerten,
traditionellen Würstelständen
(Seite 36), deren Besuch sich
vor oder nach dem Marktbesuch
besonders anbietet.

Bio-Bauernmarkt am Kajetanerplatz

Ö   Freitag 8.00–13.00 Uhr
A   Kajetanerplatz

Wer beim Lebensmitteleinkauf
auf Bio setzt, ist am kleinen,
aber feinen Bio-Bauernmarkt am
Kajetanerplatz richtig. Hier finden
sich jeden Freitag Produzenten
von hochwertigen regionalen
Biolebensmitteln ein. Man kauft
etwa Brot und Gebäck vom
Bäcker Itzlinger (Seite 25), Bio-
Fleisch, Milchprodukte, Obst und
Gemüse direkt beim Hersteller.
Wer anschließend auf ein
Getränk oder eine Tasse Kaffee
einkehren will, findet rings um
den Platz einige Lokale – etwa
das winzige Café der Bäckerei
Holztrattner (Seite 25).

Schrannenmarkt

Ö   Jeden Donnerstag 05.00–13.00
    Uhr. Übrigens: Fällt der Donnerstag
    auf einen Feiertag, wird der Markt
    auf den Mittwoch davor verschoben.
A   Vor der Andräkirche

Die „Schranne" ist ein wirtschaftlicher und gesellschaft-
licher Fixpunkt im Salzburger
Alltagsleben: Der Bauernmarkt,
der zu den größten und bekanntesten seiner Art in Österreich
zählt, besteht bereits seit dem
Jahr 1906 und beschert dem
Platz um die Andräkirche jeden
Donnerstag ein reiches Angebot
an Obst und Gemüse, Back-
waren, Fleisch, Fisch, Feinkost, Blumen und traditionellen
Handwerkswaren. Wer sich hier
als Marktaussteller präsentieren
will, muss geduldig sein: Mehrere
Jahre beträgt die Wartezeit auf
einen Schrannenstand. Ist man
nur als Besucher da, lädt der
Markt ein, von Stand zu Stand zu
bummeln und die Atmosphäre zu
genießen. Letzteres lässt sich
besonders gut mit etwas Ess-
oder Trinkbarem in der Hand
bewerkstelligen. Die klassische
Schrannen-Verköstigung besteht
aus frisch frittiertem Backhendl,
Fischsuppe oder Würsteln.
Übrigens: Wahre Schrannen-
profis sind schon um fünf Uhr
morgens vor Ort.

Bio-Bauernmarkt am Kajetanerplatz

Grünmarkt

Schrannenmarkt

Schrannenmarkt

Empfangskomitee im Maneki Neko

6

Internationale Küche

Salzburg als kulinarische Bühne der Welt

Dass Salzburg auch gerne als „Bühne der Welt" bezeichnet wird, kommt auch in kulinarischer Hinsicht nicht von ungefähr: Jahr für Jahr strömen Besucherinnen und Besucher aus aller Welt in die Stadt, manche blieben und bereichern heute das kulinarische Stadtleben mit den Küchen ihrer Heimatländer.

So findet man inmitten der historischen Altstadt koreanische Restaurants und südamerikanische Imbisse, chinesische Teigtaschen-Spezialisten und Exil-Italiener mit verführerischen Pizzen. Die besten unter ihnen darf ich Ihnen im Folgenden empfehlen. Ich lade Sie ein, mit mir ein brutzelndes Bibimbap zu genießen, zu entscheiden, ob Xiaolongbao oder Gyoza das Zeug zum persönlichen Liebling haben, in kleinen Lokalen authentische Arepas zu verkosten und bei einer Antipasti-Platte die Zeit zu vergessen. Wenn Sie mich suchen, pflücke ich wohl gerade weltvergessen asiatische Spezialitäten aus einem Bambusdämpfer – die Küche des Fernen Ostens hat es mir persönlich nämlich am meisten angetan. Das merken Sie nicht nur an der Lokalauswahl, sondern auch am Gastronomen-Portrait in diesem Kapitel.

Yaoyao Hu am Werk

Der Asia-Erziehungshelfer

Was das Salzburger Publikum kulinarisch nicht kennt, das muss es erst lieben lernen: Niemand kann davon ausführlicher berichten als Yaoyao Hu. Der Ausnahme-Gastronom führt mit seinen Restaurants Bangkok, Maneki Neko und yaoyao drei der besten asiatischen Lokale Salzburgs und hat es sich zur Aufgabe gemacht, den Salzburger Gaumen an die weite Welt zu gewöhnen – ein Projekt, das viel Ausdauer und Nachdruck abverlangt, letzten Endes zeigt sich aber immer wieder: Qualität setzt sich am Ende stets durch.

C Mit deinen Restaurants spannst du einen weiten Bogen über diverse asiatische National-küchen und giltst als der größte Nudelmeister weit und breit. Wie kam es dazu?

Y Ich bin in China geboren und habe mit 12 Jahren beschlossen, die Schule zu verlassen und Koch zu werden. Es war nicht ganz einfach für mich, einen Lehrmeister zu finden, weil die Lehre in China ganz anders funktioniert als hier. Einerseits war ich mit 12 noch kleiner und schmächtiger als andere und man traute mir nicht zu, so schwer tragen zu können wie meine älteren Kollegen. Andererseits ist das System in China so, dass der Lehrling dafür bezahlt, von seinem Meister etwas zu lernen. Wenn man beim Schneiden in der Küche etwa Fehler macht, muss man die verschwendeten Waren aus eigener Tasche bezahlen. Deswegen habe ich in meiner Lehrzeit Schneiden oft mit Nudel-teig geübt. Das hat mein Meister irgendwann gesehen und gemeint: Du bist ein Nudelkoch! Das Nudelziehen habe ich demnach in Nord-china gelernt.

C Deine handgezogenen Nudeln sind auch re-kordverdächtig. Ein besonders langes Exemplar hast du 2014 produziert ...

Y ... mit einer Länge von 581,25 Metern, genau. Das hat dazu beigetragen, dass die hand-gezogenen Nudeln heute zu den beliebtesten Gerichten in meinen Restaurants gehören – wobei der Weg dorthin nicht einfach war. Die Salzburger haben etwa vier Jahre gebraucht, um die Nudelgerichte auf der Speisekarte anzunehmen. Als ich 1997 angefangen habe, kannte man an exotischen Küchen hierzulande nur klassische Chinarestaurants und Pizzerien.

C Ist das Salzburger Publikum generell skeptisch, was Neues auf der Speisekarte angeht?

Y Ja, dieses Thema zieht sich durch die Geschich-te aller meiner Lokale. Als wir unser erstes Restaurant in Salzburg, das Bangkok, eröffnet haben, servierte ich jene sehr authentische Thaiküche, die ich auf meinen Reisen durch Thailand kennen gelernt habe. Dort haben mich die Garküchen fasziniert und ich habe einfach gefragt, ob ich mitarbeiten darf, um zu lernen. Diese Küche wollte ich im Bangkok umsetzen zu einer Zeit, als es noch nicht an jeder Ecke einen Thai-Imbiss gab. Da hatte ich große Probleme mit der Schärfe und mit noch unbekannten Kräutern wie Thai-Basilikum oder Koriander. Die Leute haben mir gesagt: Yaoyao, das schmeckt wie Seife und alte Socken! Heute sind sie es gewöhnt und die Gäste kommen extra wegen dem Koriander, der nach Seife schmeckt!

C Also muss man den Gast ein bisschen erziehen!

Y Ja, es braucht eine gewisse Erziehungszeit, bis sich Neues und Unbekanntes durchsetzt. Ich war auch einer der Ersten, die ein asiatisches Lokal mit einer vollwertigen Weinkarte führten. Österreichische Weine wie Grüner Veltliner passen ganz wunderbar zu asiatischen Ge-würzen. Das haben wir uns intensiv angeschaut, diese Aromen, die Sensorik. Aber auch da gab es Stimmen, die gesagt haben: Du kannst doch keinen Wein zu asiatischer Küche anbieten!

Im Gespräch

C Dieser Gedanke, asiatische und regionale Geschmackskomponenten zu verbinden, zieht sich generell wie ein roter Faden durch deine Restaurants, genauso wie deine Experimentierfreude.

Y Genau. Viele asiatische Lokale sind sehr ähnlich, weil sich einer vom anderen abschaut, was gut geht. Ich habe immer versucht, einen anderen Weg zu gehen. Außerdem liegen mir regionale Lebensmittel sehr am Herzen. Eine meiner Ideen, die sich leider nicht durchgesetzt haben, war, Sushi aus lokalem Süßwasserfisch zu machen und auf Meeresfisch zu verzichten. Wir haben viel herumexperimentiert, bis wir herausfanden, dass bei Sushi Karpfen am besten schmeckt. Leider haben sich die Österreicher nicht drübergetraut, weil viele glauben, Karpfen schmeckt automatisch brackig. Der Seesaibling ging gut, der Rest eher weniger. Letztendlich haben wir die Idee wieder verworfen.

C Trotzdem spielen hochwertige, regionale Produkte eine große Rolle in deinen Küchen.

Y Qualität ist generell das Wichtigste. In der Küche, im Service und auch bei den Rohstoffen. Wenn das Produkt passt, muss der Koch nicht mehr viel tun. Ich gehe auch immer wieder auf Entdeckungsreise und schaue mir an, wie ich regionale Zutaten interpretieren kann. Vor Kurzem war es das fantastische Hochlandrind aus dem Lungau, das in das Shabu Shabu, ein asiatisches Fondue, wanderte. So wird aus einem regionalen Produkt ein klassisches asiatisches Gericht. Regionale Produkte in bester Qualität mit asiatischen Gewürzen, keine Geschmacksverstärker, das ist meine Philosophie. Wobei dieser Ansatz auch sehr personalintensiv ist, weil jedes einzelne Gericht frisch gekocht werden muss. Zu Stoßzeiten stehen im yaoyao acht Köche am Herd – und es wird in der Gastronomie immer schwieriger, Mitarbeiter zu finden. Deswegen habe ich mir bei meinem dritten Lokal überlegt, wie man die gleiche Qualität mit weniger Personal stemmen kann. Herausgekommen ist ein Selbstbedienungsrestaurant mit der gleichen kompromisslosen Qualität wie im yaoyao.

C Mit deiner jüngsten Neueröffnung, dem Maneki Neko, bist du wieder ein Risiko eingegangen …

Y Bei der Eröffnung des Maneki Neko haben wir im Grunde alles gemacht, was die klassische Gastronomie nicht machen würde: eine starke Signalfarbe im Design, Selbstbedienung, alle sitzen an einem langen Tisch. Da war der Anfang sehr schwer. Im Maneki Neko ist vom Boden bis zu den Handtuchspendern alles rot. Auch hier hat es gedauert, bis uns der Salzburger Gast verstanden hat. Mittlerweile haben wir eine stetig wachsende Fangemeinde.

Alles rot: Das Maneki Neko

YAOYAOS TIPPS FÜR SALZBURG

● Klassische, traditionelle Küche mit hoher Qualität im Gasthof Schloss Aigen (Seite 88)

● Haute Cuisine im Restaurant Ikarus (Seite 94)

● Knödel im Gasthaus Mayrhof (Untermayrhof 4, Mattsee)

Bao, Gyoza, Xiaolongbao:
Vielfalt im Maneki Neko

Maneki Neko

PANASIATISCHES STREETFOOD
AUFREGENDES DESIGN

A   Kaigasse 34
T   +43 662 840 898
W   www.manekineko.at

Maneki Neko heißt die
japanische Glückskatze. Das
nach ihr benannte Lokal ist
einer meiner persönlichen
Favoriten, dessen Inneres Sie
auf den ersten Blick überraschen
wird: Knallrote Teller stehen
auf knallroten Tabletts, die von
knallrot gekleideten Kellnern auf
knallrote Tische gestellt werden.
Für dieses Einrichtungskonzept
gab's viel Liebe, ein wenig
Irritation, auf jeden Fall aber
einen Designpreis. Die Karte
des Selbstbedienungslokals
galoppiert einmal quer durch
die asiatische Streetfood-
Szene, meine Highlights sind
jedoch die Teigtaschen: Bessere
Xiaolongbao, Wan Tan, Gyoza
und Co werden Sie in Salzburg
nicht finden.

Yaoyao

DER NUDELMEISTER
IN DER SHOPPING-PAUSE

A   Europastraße 1
T   +43 662 257 447
W   www.yaoyao.at

Das Hauptquartier von
Yaoyao Hu ist sein Restaurat
yaoyao, wo sich neben seinen
berühmten handgezogenen
Nudeln auch herrliches Sushi,
verschiedene Suppen, Donburi,
Currys und allerlei Gerichte mit
panasiatischen Inspirationen
probieren lassen. Der Umstand,
dass das Yaoyao ausgerechnet
in einem Einkaufszentrum liegt,
stört nicht im Geringsten. Hat
man den Empfangstresen einmal
hinter sich gelassen, sind die
Shopaholics draußen schnell
vergessen.

Ichi Go Ichi E Ramen Bar

Kushi Hachi

JAPANISCH | TEPPANYAKI

A   Innsbrucker Bundesstraße 54
T   +43 662 436 148
W   www.kushi-hachi.at

Dieser Japaner überzeugt nicht nur mit Sushi, Sashimi, Gyoza und Co, sondern auch mit seinen spektakulär agierenden Teppanyaki-Meistern. Die Köche am heißen Stein bereiten vor den Augen der wartenden Gäste diverse Köstlichkeiten zu. Es brennt und brutzelt und was schlussendlich am Teller landet, kann sich nicht nur während der Zubereitung sehen lassen. Bestellt wird im Kushi Hachi idealerweise in Form von Degustationsmenüs, die je nach Hunger einen repräsentativen Querschnitt des Angebots zeigen.

Ichi Go Ichi E Ramen Bar

JAPANISCHE RAMEN
NICHT NUR IM WINTER GUT

A   Sterneckstraße 33
T   +43 662 874 209
W   www.ichigoichie.at

Freunde der japanischen Nudelsuppe pilgern in Salzburg ins etwas abseits gelegene Schallmooser Gewerbegebiet. Dort wird im Ichi Go Ichi E, was so viel wie „ein Leben, ein Treffen" bedeutet, die Suppenkelle bedient. Hausgemachte Ramen-Nudeln in unterschiedlichen Brühen und mit üppigen Toppings machen auch den Hauptteil der Speisekarte aus – sowohl Miso-, Shoyu-, Tonkotsu- als auch Shio-Ramen stehen am Menü. Große Esser schaffen zuvor vielleicht noch ein paar der japanischen Vorspeisen, etwa Edamame, Gyoza oder Takoyaki.

Leks Thai Küche

GARKÜCHE | GUT UND GÜNSTIG

A   Schallmooser Hauptstraße 77
T   +43 699 811 946 65
W   Zu finden auf Facebook

Es ist wohl eine Glaubensfrage, welche der Thai-Küchen Salzburgs man persönlich am besten findet. Leks Thai Küche in Schallmoos ist jedenfalls eine starke Kandidatin für einen Stockerlplatz. In der geschäftigen Garküche entstehen sämtliche Klassiker, die man sich von einem Thai-Imbiss erwartet: Verschiedene Currys, Pad Thai, Khao Pad, gebratenes Gemüse oder Tom Yam stehen etwa auf der Karte. Als Gast beobachtet man deren Zubereitung in der offenen Küche und kann das Ergebnis dann entweder mitnehmen oder im kleinen Gastraum verspeisen.

Ristorante Pizzeria Da Giacomo

PUBLIKUMSLIEBLING
BEIM ECHTEN ITALIENER

A   Nonntaler Hauptstraße 47
T   +43 662 834 760
W   www.dagiacomo.at

Das Da Giacomo ist wohl der Klassiker unter den italienischen Restaurants der Stadt und verköstigt eine eingefleischte Fangemeinde. Inhaber Giacomo Russo serviert seit vielen Jahren auf konstant hohem Niveau hausgemachte Pasta, Steinofenpizza sowie klassische Fleisch- und Fischspezialitäten. Das Lokal im Stadtteil Nonntal mit den hohen Decken und den terrakottafarbenen Wänden vermittelt Italien-Feeling, der Gastgarten ist im Sommer eine gute Wahl für ein Familienessen, bei dem auch die Bambini nicht zu kurz kommen.

Restaurant Bangkok

NICHT-NUR-THAI
DAS URGESTEIN

A   Bayerhamerstraße 33
T   +43 662 873 688
W   www.restaurant-bangkok.at

Das Restaurant Bangkok ist quasi die Antithese zum klassischen Thai-Imbiss. Der Klassiker unter den asiatischen Restaurants in Salzburg war dereinst Pionier auf seinem Feld und serviert seit Jahren hochwertige Kost, die über die namensgebende Thai-Küche zeitweise hinausgeht. Neben klassischen Thai-Currys, Song Tam, Saté oder Tom Kha Gai steht etwa auch sehr gutes Sushi auf der Karte. Es schadet nicht, gerade zu Stoßzeiten zu reservieren!

Ristorante Pasta e Vino

KLEIN UND BELIEBT
ESSEN VOR DER FEINKOSTVITRINE

A   Wolf-Dietrich-Straße 31
T   +43 662 873 487
W   www.pastaevinosalzburg.at

Im Ristorante Pasta e Vino gibt es, nomen est omen, Pasta und Wein. Wobei: Eigentlich ist das zu kurz gefasst. Das kleine Lokal im Andräviertel wird von einer beachtlichen Feinkostvitrine dominiert, hinter der sich hausgemachte Antipasti, Käse und Prosciutto türmen. Diese gibt es plattenweise zu bestellen oder wahlweise zum Mitnehmen und sie machen sich hervorragend als Vorspeise zu den täglich wechselnden Pastagerichten. Das Servicepersonal präsentiert sie verheißungsvoll und vergisst auch nicht, zu einem der feinen Desserts zu verführen.

Tokyo Bay

SUSHI UND WOK | LIEFERSERVICE

A   Ignaz-Harrer-Straße 38
T   +43 662 243 106
W   www.tokyobay.at

Die Adresse, die wir besuchen wollen, liegt im Stadtteil Lehen, wo Sushi und Wok-Gerichte – frisch, gut, solide und preiswert – serviert werden. Wer den Weg bis in die Ignaz-Harrer-Straße nicht auf sich nehmen will, lässt sich Sushi-Platten oder Udon-Nudeln einfach liefern. Bitte nicht mit dem Tokyo Restaurant in der Salzburger Altstadt verwechseln.

Ristorante Pasta e Vino

Hibiskus-
Koreas Küche

KOREANISCH
FEIN UND KULTURAFFIN

A   Mirabellplatz 1
T   +43 662 424 425
W   www.koreaskueche.at

Der Umstand, dass sich das Hibiskus und die weltberühmte Musikuniversität Mozarteum ein Gebäude teilen, trägt durchaus zu Klientel und Atmosphäre des koreanischen Restaurants bei. Sein Interieur ist asiatisch reduziert und ein bisschen hip, die Gerichte auf der Karte klassisch koreanisch: Bibimbap, Bulgogi oder Kimchi Jjigae sind neben Gebratenem vom koreanischen Tischgrill eine empfehlenswerte Wahl. Der Service ist so schick wie charmant.

Osteria Cavalli

KLASSISCHER ITALIENER | HERZLICH

A   Leopoldskronstraße 1
T   +43 650 710 042 0
W   www.osteria-cavalli.at

Die Osteria Cavalli im Stadtteil Riedenburg ist einer der klassischen Italiener der Stadt: Pizza aus dem Steinofen, hausgemachte Pasta, Risotti, Fleischgerichte, Fisch und das obligatorische „Dolce" hinterdrein: Hier isst man üppig und gut und fast wie in Italien. Der schattige Gastgarten lädt gerade im Sommer zum Verweilen ein.

Istra Konoba

KROATISCH | FISCHGERICHTE

A   Wolf-Dietrich-Straße 27
T   +43 662 879 794
W   www.istra.at

Freunde von Fisch und Meeresfrüchten kommen im Istra voll auf ihre Kosten. Der Kroate verströmt Urlaubsfeeling, vom Ambiente bis hin zum Service. Das Meeresgetier kommt stets frisch auf den Tisch, auf Zutatenqualität wird großen Wert gelegt. Die Weinauswahl mit istrischem Schwerpunkt begleitet harmonisch.

Die Cabreras

AUTHENTISCH MEXIKANISCH
GUTE COCKTAILS

A   Priesterhausgasse 20
T   +43 699 108 865 55
W   www.diecabreras.com

Die Cabreras heißen Eva und Abraham und sind ein österreichisch-mexikanisches Paar, das in der Priesterhausgasse authentische mexikanische Küche serviert. Die Guacamole ist aromatisch, die Salsas sind ebenso hausgemacht wie die herrlichen Aguas Frescas. Tacos und Quesadillas präsentieren sich mit saisonal wechselnden Füllungen. Sehr empfehlenswert sind die hier servierten Margaritas, die man am schönsten im Altstadt-Gastgarten genießt. Am Wochenende gibt's deftigen mexikanischen Brunch, reservieren sollte man zu jeder Tageszeit.

Osteria NOI

HOCHWERTIG | AM WALLERSEE

A   Mühlbachstraße 21
     5201 Seekirchen am Wallersee
T   +43 621 222 63
W   www.osteria-noi.at

Obwohl diese Osteria etwas außerhalb der Stadt liegt, darf sie in dieser Liste nicht fehlen: Fabio Winkelhofer und sein Team beweisen, dass auch Pizza und Pasta noch überraschen können. Das NOI hinter der Osteria steht dabei für „Nostra Osteria Italiana" und bietet eine Küche, die weit über das Angebot einer klassischen Austro-Pizzeria hinausgeht. Wir genießen dort etwa cremige, saisonale Risotti, fein aromatische Pasta oder saisonal wechselnde, kreative Secondi, die nicht nur geschmacklich, sondern auch optisch zum Schwärmen bringen. Soll es doch lieber eine Pizza sein, wählt man etwa die Variante mit schön scharfer Nduja piccante oder Ricotta-Trüffelcreme. Wer dann immer noch nicht genug hat, fährt den „Giro d'Italia" – so heißt der Teller mit Dessertvariationen.

Die Cabreras

Afro Café

WORLD CAFÉ | BUNT UND
EKLEKTISCH

A   Bürgerspitalplatz 5
T   +43 662 844 888
W   www.afrocafe.at

Mit dem Afro Café am oberen
Ende der Getreidegasse betritt
man wohl einen der buntesten
Orte innerhalb der Altstadt. Das
Interieur ist eklektisch und mit
Arbeiten von Künstlerinnen und
Künstlern des afrikanischen Kon-
tinents ausgestattet, die Speise-
karte gibt sich panafrikanisch
inspiriert, vom Tabouleh bis zum
Straußenburger. Das Frühstücks-
angebot ist so gut wie beliebt.

Afro Café

Casa Portuguesa

FEINKOST
KLEINE GERICHTE, KAFFEE, WEIN

A   Krotachgasse 5
T   +43 664 244 277 1
W   Zu finden auf Facebook

Die Casa Portuguesa ist eine
köstliche Symbiose aus Fein-
kostgeschäft, Weinhandel und
portugiesischem Deli. Hier bekommt man praktisch alles, was
den portugiesischen Lebensstil in
kulinarischer Hinsicht ausmacht.
Ob dies nun die hausgemachte
Suppe ist, ein Glas (Port-) Wein,
Pastéis de Nata zum Espresso
oder die landestypischen Fisch-
konserven: Ein Besuch zahlt
sich aus, egal, ob man Lust auf
Süßes, Pikantes, Kaffee oder ein
Glas Wein hat.

Bistro de Márquez

SÜDAMERIKANISCH
SCHNELL UND GUT

A   Schrannengasse 6
T   +43 680 236 966 4
W   www.bistrodemarquez.at

Einfach, aber gut, authentisch
und bei freundlichem Ambiente
isst man im Bistro de Márquez.
Im kleinen Lokal nahe des
Mirabellplatzes kommen südamerikanische Arepas, das sind
gefüllte Maisfladen, hausgemachte Salsas und wechselnde
Tagesgerichte auf den Tisch.
Süßschnäbel kosten hinterher
Antojitos oder Brigadeiros. So
funktioniert Südamerika-Feeling
„made in Salzburg"!

Pizzeria Casa Antonio e piccolo Giò

EINFACH UND GUT | ZUM MITNEHMEN

A   Erzabt-Klotz-Straße 9
T   +43 660 495 904 5
W   www.pizza.casaantonio.at

Wer diese kleine Pizzeria sucht,
muss genau schauen: Sie verbirgt sich mitten im Wohngebiet
unweit des Universitätscampus
im Nonntal. Drinnen gibt es
nur wenige Tische mit rot-weiß
karierten Tischdecken, dafür den
unmittelbaren Blick auf Pizzaiolo
und Pizzaofen, die detailverliebt
zusammenarbeiten. Die Pizza ist
wohl eine der besten Salzburgs,
der Platz begrenzt, deswegen
empfiehlt es sich manchmal, selbige zum Mitnehmen zu ordern.

Ganz klassisch: Panoramablick vom Mönchsberg

Panoramabars und Aussichtslokale

7

Haben Sie Salzburg von oben gesehen?

Über eines kann man fast nicht streiten:
Salzburg von oben ist ein Anblick, den man mehr
als einmal gesehen haben sollte – und zwar im
Idealfall aus unterschiedlichen Perspektiven.
Gut, dass die Stadt reich ist an gastronomischen
Angeboten, die sich genau dort angesiedelt
haben, wo das Panorama am schönsten ist.

In dieser Auswahl entdecken Sie also Restaurants
und Bars, Biergärten und Cafés, die zu Speis
und Trank auch die beste Aussicht servieren.
Sie befinden sich wahlweise auf einem der
Stadtberge und machen sich Salzburgs Geogra-
fie zu Nutze oder sind Rooftop-Bars im besten
Sinne: Ob im obersten Hochhaus-Stock oder
auf der historischen Altstadtterrasse – der Blick
auf die Stadt ist immer anders und eröffnet
stets neue Blickwinkel.

M32

M32

BESTE LAGE | KUNSTAFFIN

A   Mönchsberg 32
T   +43 662 841 000
W   www.m32.at

Das M32 als Museumscafé des Museums der Moderne abzutun, wäre weit gefehlt: Das gastronomische Angebot des Restaurants, das sich schlicht nach seiner Adresse am Mönchsberg 32 benennt, besticht durch anspruchsvolle, moderne Küche und schickes Ambiente. Dieses zieht sich von der Bar, bei deren Dekor der Kunstverdacht keimt, über die großzügige Terrasse bis hin zur spektakulären Aussicht über die Salzburger Altstadt – wohl der schönsten, die in der Stadt zu haben ist.

Seven Senses

RESTAURANT UND BAR
ALTSTADTPANORAMA

A   Giselakai 3–5
T   +43 662 877 277
W   www.7-senses.at

Die Terrasse des Hotel Stein ist wohl der berühmteste gastronomische Aussichtspunkt der Altstadt. War das Café-Restaurant lange Jahre schlicht als „Steinterrasse" bekannt, erhielt es im Zuge der umfangreichen Renovierung des Traditionshauses im Jahr 2018 neben einer Neuausrichtung auch einen neuen Namen: Das Seven Senses bietet heute als Rooftop-Bar, Lounge und Restaurant Kulinarik vom Frühstück bis zum Dinner, aber auch für einen Cocktail lässt sich das Etablissement gepflegt besuchen. Der Gästeandrang ist meist groß, gerade zur Hochsaison.

Franziskischlössl

HISTORISCH | ALTSTADTBLICK

A   Kapuzinerberg 9
T   +43 662 87 25 95
W   www.franziskischloessl.at

Wer das Franziskischlössl besuchen will, verbindet dies im besten Fall mit einem Spaziergang: Der historische Wehrbau am Kapuzinerberg lässt sich wunderbar im Rahmen einer kurzen Tour von der Altstadt aus „erwandern", oben angekommen wartet die kulinarische Belohnung. Der Gastgarten bietet Panoramablick in historischem Ambiente. Ein besonderes Highlight ist der Brunch mit hervorragender Produktqualität (bitte im Voraus reservieren). Unbedingt Öffnungszeiten beachten!

Stadtalm

URIG | NOMEN EST OMEN

A   Am Mönchsberg 19c
T   +43 662 841 729
W   www.stadtalm.at

Eine Alm im Stadtgebiet haben wohl nur wenige Städte und Salzburg bildet mit seinen Stadtbergen eine gewisse Ausnahme. Die Stadtalm am Mönchsberg bietet fast alles, was man sich klassischerweise von einer Alm-Einkehr erwartet: deftige Jause und Hausmannskost, uriges Ambiente und einen wunderbaren Stadtausblick. Der Aufstieg gestaltet sich dabei untypisch kurz: Sportliche Zeitgenossen schaffen die Wanderung auf die Mönchsberg-Alm innerhalb von zehn Minuten ab dem Festspielhaus, oben warten Brettljause, Essigwurst, Gulasch und Co. Wer mag, gönnt sich anschließend die volle Hüttenatmosphäre und übernachtet im Jugendherbergs-Stockbett.

hu:goes 14

COCKTAILS | ROOFTOP-BAR

A   Rainerstraße 28
T   +43 662 877 500
W   www.hugoes14.bar

Die erst kürzlich eröffnete Bar des neu erbauten arte Hotels nahe des Hauptbahnhofs eröffnet mit ihrer Lage im 14. Stock des gläsernen Hochhauses eine bisher ungesehene Perspektive auf die Stadt. Zu Füßen liegen die Schienen der Bahn und die Aussicht erstreckt sich bis in weite Ferne. Vom gläsernen Panorama aus hat man nicht nur Festung, Neustadt und Altstadt im Blick, sondern sieht bis in die Bergwelt und in die Vorstädte. Dazu gibt es Cocktails, Longdrinks und Bier, allen voran aber die Spezialität des Hauses: Das hu:goes 14 ist nicht nur nach Jedermann-Dichter Hugo von Hofmannsthal benannt, es serviert auch den gleichnamigen Drink in vierzehn verschiedenen Varianten.

Imlauer Sky – Bar & Restaurant

RESTAURANT UND COCKTAILS
ROOFTOP-BAR

A   Rainerstraße 6
T   +43 662 889 786 66
W   www.imlauer.com/
      imlauer-sky-bar-restaurant

Der Blick vom Rooftop-Restaurant des Hotel Imlauer mag zwar nicht jener sein, den man von zahlreichen Salzburg-Postkarten kennt, dieser Umstand macht ihn aber umso spannender. Bar und Restaurant bieten mit ihrer umlaufenden Terrasse in luftiger Höh' einen eher ungewöhnlichen Fernblick über das Andräviertel in Richtung Schloss Mirabell. Zum Ausblick gibt es eine umfangreiche Barkarte mit großer Gin-Auswahl und die klassisch ausgelegte Speisenauswahl des gediegenen Restaurants. Beispiele gefällig? Geschmorte Rinderbackerl mit getrüffelter Polenta, Medaillons vom Kalbsfilet mit Morchelsauce, Baby-Spinat und Kartoffel-Kräutergnocchi oder sautierter Hummer mit grünen Bohnen und Gemüse-Graupen schmecken bei Sonnenuntergang gleich noch einmal so gut.

Nicht minder berühmt: Blick vom Festungsberg

Perfekte Latte Art in der Kaffee-Alchemie

8

Kaffeehaus

Von Melange, Cappuccino und Flat White

Man sagt ja, es sei das schönste Hobby des gemeinen Österreichers jedweden Geschlechts, seine Tage im Kaffeehaus zu verbringen. Schließlich galt das Kaffeehaus jahrhundertelang als Epizentrum des sozialen Lebens. Dort wurde konferiert und sinniert, Klatsch ausgetauscht und Pläne geschmiedet und so mancher Zeitgenosse mag gar seine Postanschrift ins persönliche Lieblingskaffeehaus verlegt haben – aus Gründen der besseren Erreichbarkeit, versteht sich.

Schaut man sich heute in Salzburg um, findet man immer noch traditionelle Kaffeehäuser diesen Zuschnitts. Das Tomaselli, das älteste unter ihnen, blickt etwa schon auf eine rund 300-jährige Geschichte zurück. Doch auch abseits von Melange mit Schlag und Kuchendamen in gestärkten Schürzen hat die Salzburger Kaffeehauskultur vieles zu bieten. Junge, urbane und mondäne Kaffeehäuser findet man dort ebenso wie Boutique-Röstereien. Einen Besuch sind sie alle wert – wenn auch aus unterschiedlichen Gründen.

Vom zeitgeistigen Café im Industrial-Chic bis zum Traditions-
kaffeehaus mit Stil und Geschichte: Dieser Spaziergang führt
in sechs Stationen zu einer gehörigen Portion Koffein. Wenn
Sie wirklich überall einkehren, können Sie ihn innerhalb eines
ausgiebigen kulinarischen Tages bewältigen. Wer die Tour de Café
lieber auf den Seiten dieses Buches abschreitet, findet vielleicht
auch so einen neuen Favoriten.

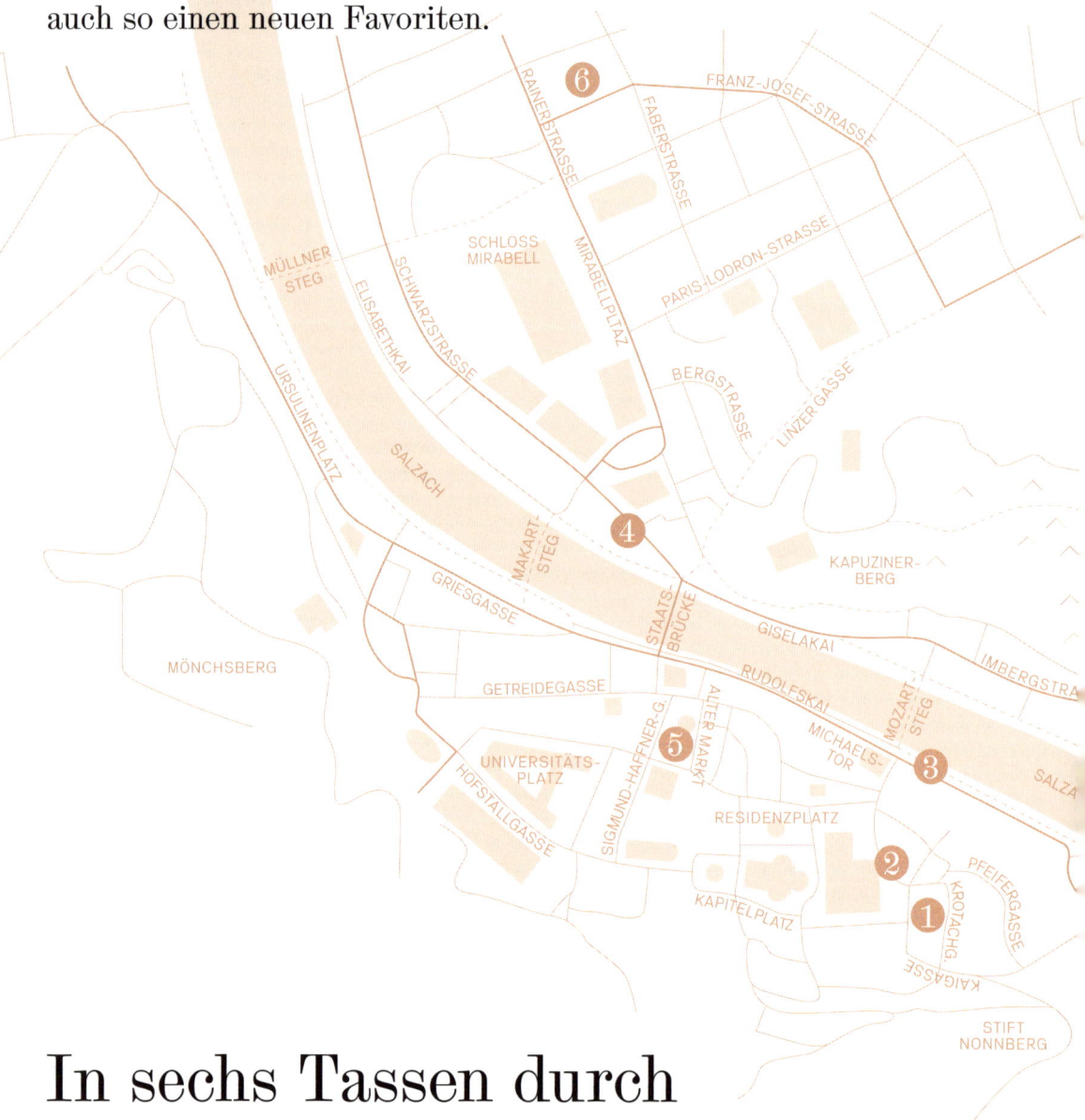

In sechs Tassen durch
Salzburgs Kaffeehausszene

Start in der Schmiede

1

Coffeesmith

A   Krotachgasse 3
W   Zu finden auf Facebook

Wir beginnen unseren Spaziergang im Kaiviertel, einem besonders bunten und lebendigen Teil der Salzburger Altstadt. Hier zelebriert seit 2019 der Coffeesmith Paul James Marsden „Third Wave"-Kaffeekultur, mit der er dem alten Café Sezession neues Leben eingehaucht hat. Das fesche Flair mit Wandbemalung nach Jugendstil-Vorbild existiert nach wie vor, heute wird es bei Cappuccino, Flat White, Espresso oder gekonnt gebrühtem Filterkaffee begutachtet. Deren Zubereitung ist hier Präzisionsarbeit, die man schmeckt. Dazu gibt es hausgemachten Kuchen.

Coffeesmith

Kaffeekaufen im Kaiviertel

's Fachl

A   Kaigasse 13
T   +43 662 276 196
W   www.fachl.at

Nach der ersten Koffein-Infusion führt unser Spaziergang weiter durch die Altstadt. Die Kaigasse durchzieht das gleichnamige Viertel, in dem wir einen kleinen Einkaufsstopp im 's Fachl einlegen. Dieser Conceptstore bietet kleinen regionalen Produzenten und Kunsthandwerkern eine leistbare Verkaufsfläche. Kaffee-Aficionados decken sich hier etwa mit den lokalen Röstungen von Naturkaffee ein. Wer verweilen mag, bestellt außerdem einen Espresso an der Theke.

3

Espresso vom Alchemisten

Kaffee-Alchemie

A   Rudolfskai 38
W   www.kaffee-alchemie.at

Biegen wir vom Kaiviertel in Richtung Salzach ab, stoßen wir am Rudolfskai auf die Kaffee-Alchemie. Ob an der Theke des kleinen Lokals Filterkaffee aus der AeroPress bestellt wird oder ein klassischer Espresso aus der Siebträgermaschine, ist Geschmackssache – die Kaffeekompetenz der Herrschaften hinter dem Tresen stadtbekannt.

Kaffee-Alchemie

Mittagspause im Bazar

Café Bazar

A   Schwarzstraße 3
T   +43 662 874 278
W   www.cafe-bazar.at

Nun wagen wir uns auf die andere Seite der Salzach vor. Die orientalistisch anmutenden Dachkuppeln das Café Bazar unweit der Staatsbrücke sind schon von Weitem unser Wegweiser zum Mittagstisch. Dieser gestaltet sich in den ehrwürdigen Hallen des Traditionskaffeehauses meist klassisch österreichisch – unter der Woche serviert man Mittagsmenüs. Beim Speisen befinden wir uns in bester Gesellschaft. Immerhin saßen schon Romy Schneider, Max Reinhardt oder Marlene Dietrich an den Marmortischen des Bazar.

4

Süßes im Tomaselli

Bleibt nun noch Platz fürs Dessert, lockt ein weiterer Klassiker der lokalen Kaffeehausszene. Die Wurzeln des Café Tomaselli gehen auf das Jahr 1700 zurück und lassen lebendige Tradition erschmecken. Zur Melange bestellt man hier hausgemachte Mehlspeisen bei Kuchendamen in weißen Schürzen. Puristen bleiben beim Kaffee-Dessert und ordern den legendären Eiskaffee. Im Sommer sitzt es sich auf Balkon und Terrasse oder vor dem gegenüberliegenden Tomaselli-Kiosk besonders schön.

Tomaselli

A   Alter Markt 9
T   +43 662 844 488 0
W   www.tomaselli.at

Ausklang im Wernbacher

So wie der Tag im Kaffeehaus beginnt, endet er auch hier: Das Café Wernbacher ist eine Institution, die sein Stammpublikum vom Frühstück bis zum Schlummertrunk begleitet. In originaler 50er-Jahre-Möblierung bestellen Hartgesottene auch zum Tagesausklang noch Kaffee, wer sich einen kühleren Drink wünscht, wählt aus der Wein-, Bier- oder Aperitifkarte. Cheers!

Café Wernbacher

A   Franz-Josef-Straße 5
T   +43 662 881 099
W   www.cafewernbacher.at

Tomaselli

Wernbacher

Familie Macheiner

Kaffee-Kompetenz
mit 220 GRAD

Wer als Kaffee-Aficionado durch Salzburg flaniert, kommt an einer Messzahl nicht vorbei: Bei 220 GRAD befindet sich nicht nur der ideale Röstpunkt von Kaffeebohnen, sondern auch die ideale Adresse für all jene, die mehr über die Zubereitung und den Genuss des schwarzen Goldes erfahren wollen. Margret und Alois Macheiner sind die Gründer des Rösthauses und der beiden Kaffeehäuser der Dachmarke 220 GRAD, vertreiben hausgerösteten Kaffee und machen mit perfektem Espresso, Cappuccino, aber auch Filterkaffee aus der AeroPress anspruchsvolle Kaffeetrinker glücklich. Margret Macheiner hat mir die Geschichte dahinter erzählt.

220 GRAD

C   Wie kam es zu eurer Kaffee-Kompetenz?
M   Also, im Grunde sind wir ja Quereinsteiger in unserem Feld – wobei nicht ganz hintergrundlose. Mein Mann Alois ist Lebensmitteltechniker und hat diesen Beruf auch lange ausgeübt, für große Konzerne und auch im Ausland. In dieser Zeit waren wir auch als Familie viel unterwegs. Irgendwann reifte der Wunsch in uns, selbst unternehmerisch tätig zu werden. Dass die Entscheidung auf den Kaffee fiel, verdanken wir vielen kleinen Mosaiksteinchen, die irgendwann ein großes Ganzes ergeben haben. Es war schon immer großes privates Interesse da und viele Begegnungen, die uns in diese Richtung geschubst haben. Richtig eingeschlagen hat das Thema bei uns aber erst im Zuge unserer ersten großen Kaffeereise, damals nach Guatemala. Dann ging es Schlag auf Schlag und wir sind ins kalte Wasser gesprungen – das war vor etwa 11 Jahren.

C   Ihr hattet in Salzburg eine ziemliche Vorreiterrolle inne mit eurer Art, ein Kaffeehaus zu betreiben. Wie haben die hiesigen traditionellen „Melangetrinker" eingangs reagiert?

M   Anfangs waren wir in Salzburg komplett unbekannt, unter anderem, weil wir ja keine Gastronomen waren. Ganz am Anfang gab es einen recht bezeichnenden Kommentar, als ein Gast gesagt hat: „Wenn ihr kein offenes Bier habt, wird das nie was!" Aber wir haben uns nicht beirren lassen und immer den Fokus auf Kaffee, auf Kuchen und Frühstück gelegt. Und das ist auch relativ schnell aufgegangen. In unserem ersten kleinen Café in der Chiemseegasse stand der Röster noch im Lokal – den haben wir inzwischen zu befreundeten Produzenten nach Argentinien gegeben –, dann kam das eigene Rösthaus im Stadtteil Maxglan und schließlich im vergangenen Jahr das zweite, große Lokal im Nonntal. Dieses bereitet uns große Freude, weil die Location in den alten Motorenwerken Matschl so schön ist. Fast unerwartet kam es, dass auch unsere Kinder ins Unternehmen einsteigen wollten. Das ging zwar nicht immer reibungslos vonstatten, aber im Grunde sind wir im Betrieb wie ein vierblättriges Kleeblatt. Jeder bringt Kompetenzen ein.

Im Gespräch

C Wie bezieht ihr euren Kaffee?

M Wir haben uns mit der Zeit auf bestimmte Bauern und Regionen festgelegt. Alleine schon deswegen, weil wir unsere Lieferanten auch immer wieder besuchen – im Idealfall einmal pro Jahr. Wenn ich auf dem Feld stehe, auf dem mein Kaffee wächst, und meinen Lieferanten persönlich kenne, bekomme ich ein ganz anderes Gefühl für das Produkt und seine Wertschöpfungskette. Wir pflegen partnerschaftliche Beziehungen mit langfristiger Planung, die etwa auch Schwankungen im Marktpreis ein wenig abfedert.

C Kaffeetrinken ist bei euch auch ein sehr ästhetisches Erlebnis...

M Das ist ganz bewusst so. Wir legen großen Wert auf Design und Gestaltung unserer Produkte und ein Umfeld, das das Kaffeeerlebnis mit allen Sinnen spüren lässt. Unsere Cafés sollen ein Ort sein, an dem man sich wohlfühlt und den man mit einem guten Gefühl wieder verlässt – das beginnt bei der Atmosphäre und endet bei unseren handgetöpferten Tassen. Ästhetik gehört einfach zum Leben. Unsere Bar im Café im Nonntal ist angelegt wie eine Bühne. Das ist eine Herausforderung für die Baristas, schön und ästhetisch zu arbeiten. Gleichzeitig freuen sie sich, weil sie viel mehr Aufmerksamkeit bekommen, wenn ihnen etwa eine besonders schöne Latte Art gelingt. Es entsteht eine tolle Wechselbeziehung zwischen uns und den Gästen. Wir können die Kaffees unmittelbar erklären und direkt Feedback einholen. Schließlich drücken wir bei unseren Kaffeemaschinen nicht einfach nur auf den Knopf, sondern beschäftigen uns intensiv mit der Sensorik, widmen uns der Wassertemperatur, stellen jeden Tag die Mühlen ein. Man braucht hier wirklich Experten hinter der Maschine. Das ist bei uns einfach noch nicht so viel verbreitet, dabei ist alles lernbar! Wobei: Das wird in unseren Breitengraden wohl auch noch stärker kommen. Der Konsument fragt es ja auch nach.

220 GRAD

MARGRETS TIPPS FÜR SALZBURG

● Konkurrenz-Kaffee in der Kaffee-Alchemie (Seite 64) oder im Coffeesmith (Seite 63)

● Vegetarische Köstlichkeiten im Green Garden (Seite 19)

● Fein speisen im Paradoxon (Seite 96)

220 GRAD

RÖSTEREI | INDUSTRIAL-CHIC

A   Chiemseegasse 5
T   +43 664 881 665 50

A   Nonntaler Hauptstraße 9a
T   +43 664 881 696 90
W   www.220grad.com

Das Rösthaus 220 GRAD gehört mit seinen zwei Kaffeehäusern zu den wichtigsten Anlaufpunkten für Kaffee-Aficionados in Salzburg. Im Stammhaus in der Chiemseegasse und im 2018 eröffneten, industrial-schicken Café im Stadtteil Nonntal wird die Kaffee-Kompetenz der Familie Macheiner dabei nicht nur tassenweise verkostet, sondern auch in Bohnenform verkauft. Einen besseren Cappuccino muss man in Salzburg lange suchen. Wer das Café am Morgen aufsucht, wird außerdem mit ausgezeichnetem, saisonal wechselndem Frühstück verwöhnt.

We love Coffee

ZUM MITNEHMEN | EINZIGARTIG

A   Rudolfskai 37
T   +43 664 226 464 1
W   www.we-love-coffee.at

Wer seinen Kaffee lieber zum Mitnehmen hat, der besucht das We love Coffee unweit des Mozartstegs. Dieses wohl kleinste Kaffeehaus der Stadt befindet sich im ehemaligen Mauthäusl an der Mündung des Jugendstilstegs und brüht frischen Coffee to go. Die Inhaber Janja und Ivi Zlatic sind außerdem immer wieder mit ihrer umgebauten Kaffee-Ape im Stadtgeschehen unterwegs – es lohnt sich also, die Augen offen zu halten!

Marktcafé in der Panzerhalle

MARKTHALLE | AUCH ZUM MITNEHMEN

A   Siezenheimerstraße 39a–d
T   +43 662 434 336
W   www.panzerhalle.at

Die Panzerhalle im Stadtteil Maxglan war ehemals Parkgarage für schweres Geschütz, heute beherbergt sie als Markthalle Genussreiches vom Pasta-Stand bis zur Kaffeebar. Letztere serviert Kaffee aus kleinen österreichischen Röstereien, wer mag, holt sich dazu ein Stück Gebäck oder eine andere Köstlichkeit von einem der Nachbarstände. Im Sommer lockt der Gastgarten zum Freiluftgenuss.

We love Coffee

Favorite Kamer

Röstzimmer 15

BIO | GEMÜTLICH

A   Wolf-Dietrich-Straße 15
T   +43 699 113 073 84
W   www.der-urkaffee.com

Im Röstzimmer 15 serviert man
fair gehandelten, biologischen
„Urkaffee", der direkt hinter dem
kleinen Café mit Verkaufsraum
geröstet wird. Zum Bio-Kaffee
gibt es Gebäck und die strate-
gisch günstige Lage inmitten des
schicken Andräviertels lädt zum
ausgiebigen Verdauungsspaziergang ein.

Favorite Kamer

CONCEPTSTORE | RUHEPOL

A   Linzer Gasse 33
T   +43 664 125 074 3
W   www.favoritekamer.com

Favorite Kamer bedeutet Lieb-
lingszimmer und ein solches hat
sich Julia Hoff ganz bewusst in
der Linzer Gasse eingerichtet.
Dort wird in der kleinen Kaffeebar nicht nur schwarzes Gold
gebrüht und zu einer kleinen
Kuchenauswahl serviert, im
hinteren Teil des Lokals verkauft
die Inhaberin handverlesene,
hochwertige regionale Produkte – von der Duftkerze bis zum
handgetöpferten Porzellan.

Röstzimmer 15

In einer Operette heißt es, sie seien „süß wie die Liebe und zart wie ein Kuss": Salzburger Nockerl sind das wohl ikonischste Dessert der Region. Ihre Geschichte liegt im Dunkel der Jahrhunderte begraben. Einmal heißt es, die erzbischöfliche Geliebte Salome Alt sei ihre Urheberin, anderswo hört man, sie wären von Napoleons Küchenmeistern aus Frankreich importiert worden. Sicher ist jedenfalls, dass Salzburger Nockerl zu den Fixstartern der lokalen Dessertkarten gehören. Wie Sie perfekt zubereitete Exemplare erkennen, sei hier erklärt.

Das berühmte Dessert wird warm serviert und gilt nur dann als perfekt gelungen, wenn es ein goldiges Äußeres, leicht gebräunte Spitzen und einen cremigen Kern besitzt. Ob die Nockerl direkt auf einem Bett aus Preiselbeeren gebacken oder zu Preiselbeerkompott, Beerensauce oder Himbeerobers gereicht werden, scheint Geschmackssache. Die Anzahl der Nockerl ist jedoch unbestritten: Es müssen stets drei Eischaum-Gipfel dicht an dicht in der Ofenform sitzen. Und das Wort Gipfel ist dabei wortwörtlich gemeint, schließlich repräsentieren die drei Nockerl-Erhebungen drei der verschneiten Salzburger Stadtberge.

Mönchsberg und Kapuzinerberg sind in den meisten Überlieferungen Nockerl-Fixstarter, ob das dritte Eischnee-Massiv für den Gaisberg, den Nonnberg oder den Rainberg steht, kann nicht abschließend geklärt werden. Wer sich darüber streiten will, sollte jedenfalls schnell sein. Salzburger Nockerl fallen rascher zusammen, als man eine Melange zum Dessert bestellen kann. Deswegen werden sie auch für jede Bestellung frisch zubereitet. Das bedingt die klassische Nockerl-Wartezeit, sorgt aber auch für den perfekten Genuss. Und übrigens: So eine Nockerl-Portion ist ausgiebig! Es sei Ihnen also geraten, den „himmlischen Gruß" mit jemandem zu teilen.

Salzburger Nockerl

Das Rezept

Wer es selbst wagen will: Das Rezept ist einfacher als sein Ruf vermuten lässt – die Salzburger Nockerl sind Ruckzuck fertig. Das Rezept stammt übrigens aus dem Kochbuchklassiker „Die traditionelle Österreichische Küche" von Ingrid Pernkopf und Renate Wagner-Wittula.

ZUBEREITUNG

Vorbereitungszeit: 10 Minuten
Backzeit: 15 – 18 Minuten
Backrohrtemperatur: 175 – 185 °C Heißluft

1.
Backrohr auf 175 – 185 °C Heißluft vorheizen.

2.
Eiklar mit Weizenstärke und einer Prise Salz aufschlagen und unter langsamer Zugabe von Zucker sehr schaumig aufschlagen. Vanillezucker ebenfalls nach und nach einschlagen.

3.
Dotter mit etwas geschlagenem Schnee und Zitronenschale glatt rühren. Restlichen Schnee und Mehl locker unter die Masse ziehen, aber nicht völlig vermischen (es sollen einige Schlieren sichtbar bleiben).

4.
Butter in einer passenden Auflaufform schmelzen, dafür einfach kurz ins heiße Rohr stellen. Schlagobers oder Milch eingießen und nach Geschmack auch Preiselbeermarmelade in der Form verrühren.

5.
Die Masse in Form von drei großen Nocken pyramidenförmig hineinsetzen (am besten mit einer etwas größeren Teigkarte formen) und im vorgeheizten Backrohr je nach gewünschter Festigkeit 15 – 18 Minuten backen.

6.
Aus dem Ofen nehmen und mit Staubzucker bestreut in der Form rasch servieren.

ZUTATEN

- 6 Eiklar
- 30 g Feinkristallzucker
- 4 Eidotter
- 20 g oder 1 Pkg. Vanillezucker
- 20 g (1 EL) glattes Weizenmehl
- 10 g (½ EL) Weizenstärke
- Prise Salz
- Evt. ½ fein geriebene Zitronenschale oder 1 Spritzer Zitronensaft
- Butter für die Form
- 2 EL Schlagobers oder Milch für die Form
- Evt. 1 – 2 EL Preiselbeermarmelade nach Belieben
- Staubzucker zum Bestreuen

Kleine Sünden in der Konditorei Fürst

Konditoreien, Eis und Süßes

9

Süße Sünden auf die Salzburger Art

Salzburg und Süßes sind ein fast untrennbares Duo. Die lokale Kaffeehauskultur kommt kaum ohne ein Stück Torte aus, die Mozartkugel ist das wohl beliebteste Souvenir der Stadt und die legendären Salzburger Nockerl formen die markante Stadtgeografie in Zucker und Luft auf dem Dessertteller nach.

Wer all dies verkosten will, besucht Konditoreien mit Puppenstubencharakter, genießt in französisch angehauchten Patisserien das Savoir-vivre und sucht sich bei schokoladigen Lokalmatadoren die bevorzugte Süßigkeit aus.

All die zuckrigen Verführungen zu probieren ist dabei ein ebenso unendliches Unterfangen, wie sie alle aufzuzählen: In der folgenden Liste befinden sich daher vor allem persönliche Lieblinge und solche, die sich seit Jahrzehnten einen Platz im süßen Himmel Salzburgs erobert haben. Die Betonung liegt hierbei auf süß, denn: Wer die städtischen Kaffeehäuser erobern möchte, sollte im Kapitel über Espresso und Co nachschlagen. Wer die süße Sünde sucht, ist hier jedoch stets am rechten Fleck.

Martin Studeny

Vom Fußball zum
Macarons-Meister

Wer in Salzburg nach französisch inspirierter Patissierkunst sucht, hat eine definitive Anlaufstelle: In Martin Studenys M Passione gehen die wohl zartesten Macarons, Eclairs und Croissants der Stadt über den Ladentisch. Der Weg dorthin führte durch einige der renommiertesten Küchen und Patisserien der Welt – und zwischenzeitlich auch übers Fußballfeld.

C   Warum bist du Patissier geworden?

M   Mich hat schon als Kind alles Künstlerische fasziniert: Ich habe Holz geschnitzt oder mit Ton modelliert und fand das ganz toll. Außerdem ist mir stets die Aufgabe zugefallen, meine Brüder mit Süßem zu versorgen – die waren nämlich echte Naschkatzen. Und als ich dann entdeckt habe, dass man im Patissierhandwerk aus Süßem Kunstwerke formen kann, hat es einfach klick gemacht.

C   Also bestand dein Berufswunsch schon als Kind?

M   Nein, das kam eigentlich erst später. Als Bub wollte ich erst ganz klassisch Astronaut werden, dann Fußballprofi. Ich hab damals sogar im U16-Nationalteam gespielt. Während eines Krankenhausaufenthalts meiner Mutter hab ich dann irgendwann für die Familie einen Kuchen gebacken und dabei entdeckt: Das kann ich ja besser als Mama! So fiel der Entschluss, eine Konditorlehre zu beginnen.

C   Hat es dich gleich nach Salzburg verschlagen?

M   Nein, dazwischen gab es viele Stationen: Ich habe etwa in den USA gearbeitet oder in Frankreich Chocolatiers ausgebildet, bevor ich wieder zurück nach Salzburg kam. Hier hab ich erst im Hangar-7 gearbeitet und war dann unter anderem Chefpatissier im Schloss Fuschl, bis ich mir den lang gehegten Traum von einem eigenen Café erfüllt habe.

C   Kommt dir Salzburg nach so viel Internationalität nicht klein vor?

M   Ich hab in meinem Leben schon viele Städte und Länder gesehen und ich liebe Paris oder New York, aber Salzburg ist für mich trotzdem die schönste Stadt der Welt. Es gibt zwar viel Verkehr, aber wenn die Sonne scheint, kann ich mir nichts Schöneres vorstellen.

C   Was sind deine Lieblingsaromen in der Patisserie?

M   Außer Schokolade meinst du? Mein Herz schlägt für Zitrusfrüchte. Es gibt etwa die verschiedensten Limettenarten, Buddhas Hand, Calamansi oder Yuzu – das sind ganz tolle Aromen, mit denen ich gerne arbeite.

MARTINS SALZBURG-TIPPS

- Das Flair genießen in der Outdoor-Lounge des Hangar-7 (Seite 94)

- Pizza essen in der Osteria NOI in Seekirchen (Seite 54)

- Kaffee trinken im 220 GRAD (Seite 69)

- Eisgenuss bei Fabi's Frozen Yogurt (Seite 80)

M Passione   Café Sacher

M Passione

MODERNES FLAIR | GUTER KAFFEE

A   Wolf-Dietrich-Straße 17
T   +43 660 401 794 7
W   www.mpassione.com

Martin Studeny heißt der Meister
hinter den exquisiten Macarons, Eclairs und Törtchen in
den Vitrinen des M Passione im
Herzen des Andräviertels. Zum
Zuckerbackwerk gibt es Kaffee
aus einer lokalen Rösterei, die
Croissants schmecken nicht nur
zum Frühstück, und wenn es
besonders süß sein darf, gibt
es hausgemachte Pralinen und
Schokolade nicht nur zum Mitnehmen.

Der Tortenmacher

KLASSISCH
NASCHEN UNTER EINHEIMISCHEN

A   Nonntaler Hauptstraße 90
T   +43 662 820960
W   www.dertortenmacher.at

Beim Tortenmacher ist der Name
Programm. Aus der gut bestückten Vitrine wählt man sich sein
„Stück vom Glück", das Sortiment wechselt mit der Saison.
Wunderbar ist der Marillen-
streuselkuchen, eine Sünde wert
die edlen Petit Fours. Wer sich
zuckerreduzierte Köstlichkeiten
wünscht, ist hier ebenso richtig.

Café Sacher

WIENER FLAIR
LEBENDIGE TRADITION

A   Schwarzstraße 5–7
T   +43 662 889 772 384
W   www.sacher.com

Auch wenn sich das Hauptquartier des Café Sacher in Wien
befindet, lohnt sich ein Besuch
im Salzburg-Ableger. Hier verkostet man nicht nur die Original
Sachertorte (unbedingt mit
Schlagobers!), gerade die Salzburger Nockerl des Hauses sind
eine Sünde wert. Nicht repräsentativen Umfragen zufolge sollen
sie die besten Salzburgs sein.

Konditorei Schatz

Die Pâtissière

TRADITIONELL
MIT PUPPENSTUBENCHARAKTER

KLEIN UND FEIN
ZAUBERHAFT

A	Getreidegasse 3
T	+43 662 842 792
W	www.schatz-konditorei.at

A	Imbergstraße 45
T	+43 664 522 293 5
W	www.die-patissiere.at

Die Konditorei Schatz im gleichnamigen Getreidegassen-Durchhaus entspricht in vielfältiger Weise ihrem Namen: Nicht nur wirkt die goldbeletterte Holzfassade wie ein Schatzkästchen, auch im Inneren gilt es Juwelen des Zuckerbäckerhandwerks zu bergen. Im Interieur mit Puppenstubencharakter wählt man aus einem verführerischen Konditor-Sortiment, besonders ans Herz legen möchte ich die legendäre Schatz-Cremeschnitte.

Die Pâtissière heißt eigentlich Yasmine Scheuringer und betreibt in der Imbergstraße die vielleicht kleinste Konditorei Salzburgs. Die hier über die Theke wandernden Kreationen aus Passionsfrucht und Salzkaramell oder Schokolade und Mohn genießt man entweder an einem der wenigen Sitzplätze oder lässt sie sich für zuhause einpacken. Wer es gern pflanzlich hat, findet hier auch vegane Patisserie-Spezialitäten.

Konditorei Schatz

Berger Feinste Confiserie

FÜR SCHOKOHOLICS
GUTES MITBRINGSEL

A   Schokoladenweg 1
     5090 Lofer
T   +43 658 876 16

A   Kaigasse 39
T   +43 662 844 769
W   www.confiserie-berger.at

Mit der Confiserie Berger befindet sich eine von Salzburgs wichtigsten Pilgerstätten für Schokoholics ausgerechnet im gebirgigen Lofer, wo man in Bergers Feinheit etwa zum Schokoladenbrunch lädt. Wer den Weg in die Berge nicht auf sich nehmen will, wird aber auch in der Salzburger Altstadt versorgt: Im Kaiviertel stehen Schokolade- und Pralinenspezialitäten zum Verkauf.

Fabi's Frozen Bio Yogurt

Confiserie Braun

IN HALLEIN ZUM EINKEHREN
IN SALZBURG ZUM EINKAUFEN

A   Unterer Markt 8
     5400 Hallein
T   +43 624 580 486

A   Churfürststraße 4
T   + 43 662 841 651
W   www.confiserie-braun.at

Das Hauptquartier des renommierten Confiseurs und Konditors Braun steht in der Halleiner Altstadt, ein Fachgeschäft für seine handgemachten Confiserie-Produkte im historischen Salzburger Zentrum. Doch auch wenn sich Pralinen, Trüffel und Schokoladekreationen auch in Salzburg verkosten lassen, ist das Stammhaus einen Besuch wert – nicht nur aufgrund seiner markanten Möblierung mit allerlei Designklassikern. Die Cremeschnitte vom Braun muss man verkostet haben.

Konditorei Rainberg

KLASSISCH
GENIESSEN UNTER EINHEIMISCHEN

A   Neutorstraße 32c
T   +43 662 848 846
W   www.konditorei-rainberg.at

Der Rainberg ist der kleinste Stadtberg Salzburgs – die gleichnamige Konditorei bietet hingegen großes Mehlspeisen-Kino. Im Stadtteil Riedenburg gelegen zelebriert man hier gemütliche Kaffeehausatmosphäre und garniert diese mit hausgemachten Mehlspeisen und klassisch österreichischem Frühstück. Man verkoste etwa den aromatischen Apfelstrudel oder den saisonal erhältlichen Marillenfleck.

Fabi's Frozen Bio Yogurt

BESONDERS FOTOGEN
DIE WARTESCHLANGE LOHNT SICH

A   Universitätsplatz 14
T   +43 664 140 768 7
W   www.fabisfrozenbioyogurt.com

Wer Fabi's Frozen Yogurt-Diele sucht, muss am Universitätsplatz lediglich nach der längsten Warteschlange der Altstadt Ausschau halten. Sanft und cremig ist das hausgemachte Bio-„FroYo", die zahlreichen Toppings (Früchte, Nüsse, Schokolade etc.) machen es noch genüsslicher. Dass ein solcher Frozen-Yogurt-Becher auch auf Instagram gut wirkt, weiß mittlerweile das halbe Internet. Wem das egal ist, besinnt sich auf das Geschmackserlebnis. Das stimmt beim charmanten Fabi nämlich ebenfalls ganz wunderbar.

Eisl Eis

EINZIGARTIG | BIO-EISGENUSS

A   Getreidegasse 22
T   +43 670 608 621 2
W   www.shop.eisl-eis.at

Das Eis vom Eisl ist einzigartig – schließlich wird es aus
Bio-Schafmilch vom eigenen
Hof hergestellt. Sorten wie
Heidelbeere-Rosmarin, Schafkä-
se-Honigsüß oder Schokobana-
ne überzeugen dabei nicht nur
lokale Eisgenießer, sondern auch
Fachjuroren und heimsen Preise
ein. Wem der kleine Eissalon in
der Salzburger Altstadt noch
nicht pittoresk genug ist, kann
die produktverantwortlichen
Schafe auch persönlich besuchen und Eis sowie Schafskäse-
spezialitäten am Wolfgangsee
ab Hof kaufen (Seite 166).

Höfingers Eisladen

TRADITIONELL
MIT NATÜRLICHEM GESCHMACK

A   Universitätsplatz 12
W   www.dereisladen.at

Wer sein Eis-Stanitzel gerne besonders traditionell füllen lassen
will, dem sei diese Adresse
empfohlen: Höfinger-Eis schleckt
man in Salzburg bereits seit 1933
und seit Kurzem auch am zentral
gelegenen Universitätsplatz. Die
angebotenen Sorten überzeugen
mit Bio-Qualität und natürlichem
Geschmack.

Eisl Eis

Die Sache mit
der Mozartkugel

Süße Geschichte in Kugelform

Sie ist kugelrund und weltberühmt, oft nachgeahmt, aber nie wirklich erreicht: die Mozartkugel. Die Schokoladespezialität aus grünem Pistazien-Marzipan, Haselnuss-Nougat und Zartbitter-Kuvertüre ist das wohl ikonischste Mitbringsel aus Salzburg und stiftet als solches manchmal Verwirrung. Wo liegt eigentlich der Ursprung der berühmten Mozartkugel?

Die Antwort ist im Grunde einfach: Erfunden hat die Mozartkugel nämlich Konditormeister Paul Fürst, der das Konfekt im Jahr 1890 erstmalig vorstellte. Die gleichnamige Konditorei stellt ihre Mozartkugeln nach Familienrezept auch heute noch her und diese haben recht eindeutige Erkennungsmerkmale. Die Original Salzburger Mozartkugel der Konditorei Fürst glänzt in silberner Stanniolumhüllung mit blauem Aufdruck, ist makellos rund und hat eine kleine Ausbuchtung. Diese stammt von jenem Stäbchen, das die Mitarbeiter der Konditorei in die Mozartkugeln stecken, bevor sie in Kuvertüre getunkt wird. Die Original Salzburger Mozartkugeln werden nämlich immer noch in Handarbeit hergestellt, ganz im Gegensatz zu manchen ihrer Brüder und Schwestern, die aus industrieller Fertigung stammen. Diese Handarbeit hat ihren Preis, schlägt sich aber auch im Geschmack wieder: zartbitter und süß zugleich und damit über jeden Zweifel erhaben. Wolfgang Amadeus Mozart selbst hat die nach ihm benannte Spezialität übrigens nie verkostet: Er starb rund 100 Jahre vor ihrer Erfindung.

Konditorei Fürst

Die Konditorei Fürst ist als Erfinderin der Original Salzburger Mozartkugel ein Ort mit Geschichte und serviert neben dem berühmten Konfekt auch Torten, wunderbar üppiges Konditor-Eis und Kaffeespezialitäten. Im Gastgarten des Stammhauses am Alten Markt sitzt man besonders schön und beobachtet den Altstadttrubel mit der Tortengabel in der Hand.

AM SCHÖNSTEN IM GASTGARTEN
MIT DER ORIGINAL MOZARTKUGEL

A   Brodgasse 13
T   +43 662 843 759
W   www.original-mozartkugel.com

Andreas Hofer Weinstube

Wirtshäuser und Traditionelles

10

Kasnock'n, Holztäfelung und Stammtischseligkeit

Jene Zeiten, in denen das Wirtshaus das Epizentrum des gesellschaftlichen Lebens bildete, mögen zwar auch in Salzburg vorbei sein, traditionelle Gastlichkeit findet sich jedoch immer noch in den holzvertäfelten Stuben, Gewölbekellern und Kastaniengärten, wo inner- und außerhalb der Altstadt Hausmannskost serviert wird. Kasnock'n, Bierfleisch oder Bauerngröstl sind gemeinsam mit Wiener Schnitzel und Beuschel Klassiker, die beinahe überall auf den Wirtshaustisch kommen.

Vollkommen macht einen Wirtshausbesuch aber erst ein frisch gezapftes Bier. Kein Wunder, schließlich betrieben viele der noch heute bestehenden historischen Wirtshäuser dereinst Hausbrauereien und tragen daher den Zusatz „Bräu" im Namen. Ein Garant für hausgebrautes Bier ist dieser heute nicht mehr, trotzdem verwöhnen manche Wirte ihre Gäste nach wie vor mit Bier aus der eigenen Produktion. Die besonders spezialisierten unter ihnen sind deswegen nicht an dieser Stelle, sondern im Kapitel über die Salzburger Bierkultur zu entdecken, das fast so nahtlos an dieses anschließen könnte, wie die „Halbe" an den Schweinsbraten. Wer sich der Salzburger Bier- und Hausmannskost also besonders intensiv widmen möchte, dem empfehle ich daher querzulesen.

Strobl Stüberl

KULTIG | KÜCHE BIS SPÄTNACHTS

A   Rainerstraße 11
T   +43 699 181 732 07
W   Keine Website

Das Strobl Stüberl ist eine Kult-Adresse: Nirgendwo sonst bekommt man zu einer Zeit, zu der andere Köche schon längst die Tür hinter sich zugeschlossen haben, Lasagne, Beuschel oder gar frische Muscheln zu einem Ambiente, das irgendwo zwischen Beislkultur und Film noir anzusiedeln ist. Die Karte gibt sich so eklektisch wie das Publikum: Neben dem Universitätsprofessor sitzen der Taxifahrer, der Festspielgast, der asiatische Tourist. Das Strobl Stüberl ist eben ein großer Gleichmacher, in dem zwar nachts nicht alle Katzen grau, aber über einer Halben Bier alle Gäste vereint sind.

Bärenwirt

BESTES BACKHENDL
SCHÖNE TERRASSE

A   Müllner Hauptstraße 8
T   +43 662 422 404
W   www.baerenwirt-salzburg.at

Der Bärenwirt schmückt sich mit der Angabe, das beste Backhendl weit und breit zu servieren. Wochenlang hätte man mit Panier und Garzeit experimentiert, um sich dessen sicher zu sein, informiert uns die Webseite. Ob das Ergebnis für sich spricht, sollte man am besten höchstpersönlich überprüfen. Serviert wird das bärige Backhendl jedenfalls ganz klassisch mit Erdäpfel-Vogerlsalat, runtergespült wird mit dem Märzenbier der unweit gelegenen Augustiner Brauerei. Im Sommer lockt die schattige Terrasse mit Blick hinunter ins wohl namensgebende Bärengässchen. Das heißt übrigens so, weil die Salzach dereinst einen Bären in die kleine Gasse angespült hat – (un)nützes Wissen, das sich gut am Wirtshaustisch macht.

Der Weiserhof bei Jules

FÜR DIE INNEREN WERTE
UNBEDINGT RESERVIEREN

A   Weiserhofstraße 4
T   +43 662 872 267
W   www.weiserhof.at

Der von Roland Essl geführte Weiserhof war eine bis weit über die Stadtgrenzen hinaus bekannte Salzburger Wirtshaus-Legende. 2018 trat Julian Grössinger in die Fußstapfen des Meisters und übernahm die unweit des Hauptbahnhofs gelegene Gastwirtschaft. Mit dem Adresszusatz „bei Jules" entspricht auch die neue Führung dem bewährten Geist des Ortes. Karnivoren kommen dank exzellenter Fleischqualität (Hendl vom Heuberg, Freilandschwein u. a.) voll auf ihre Kosten, dem „Nose to tail"-Prinzip entspricht der häufige Auftritt von Innereien auf der Karte. Geöffnet hat man aktuell von Montag bis Freitag, reservieren sollte man unbedingt.

Bärenwirt

Andreas Hofer Weinstube

Andreas Hofer Weinstube

WEINSELIG
PUPPENSTUBENCHARAKTER

A   Steingasse 65
T   +43 662 872 769
W   www.dieweinstube.at

Wenn man in Salzburg vom Andi Hofer spricht, ist meist nicht der Tiroler Revolutionsführer gemeint, sondern die urige Weinstube am Ende der Steingasse. Der Weg durch die kopfsteingepflasterte Gasse ist ein idyllischer. Betritt man die Weinstube, landet man im holzgetäfelten Bilderbuchambiente. Die Karte dominieren deftige Hausmannskost und Jause, die Weinkarte ist primär mit österreichischen Tropfen bestückt. Die Musikbegleitung zu Kasnock'n, Essigwurst und Co kommt oft aus der alten Jukebox und die urige Atmosphäre sorgt dafür, dass man gerne länger verweilt, als ursprünglich geplant.

Johanneskeller im Priesterhaus

GEMÜTLICH IM KELLER
SCHÖNER INNENHOF

A   Richard-Mayr-Gasse 1
T   +43 662 265 536
W   www.johanneskeller.at

Nicht jedes Wirtshaus, das das Wort Keller im Titel trägt, befindet sich wirklich in einem. Der Johanneskeller hält dieses Versprechen jedoch ein. Gelegen im Kellergewölbe des Salzburger Priesterseminars serviert das Team der sympathischen „Kellerkinder" Gröstl oder Schweinsbraten, teils auch Exotischeres wie Gyros. Unvergleichlich charmant ist der Service, unvergleichlich ruhig die Tische im Innenhof, den man sich mit dem Priesterseminar teilt. Wer zu den Kasnock'n eine Portion Lesestoff benötigt, ist am richtigen Ort: Links und rechts vom Wirtshaus erstreckt sich die gut sortierte Rupertus Buchhandlung.

Gasthof Maria Plain

GUTBÜRGERLICH | SCHÖNE AUSSICHT

A   Plainbergweg 41-43
     5101 Bergheim bei Salzburg
T   +43 662 450 701 0
W   www.mariaplain.com

Maria Plain ist als Marienwallfahrtsort vor den Toren der Stadt ein Fixpunkt im religiösen Leben Salzburgs, der gleichnamige Gasthof neben der edlen Basilika bietet jedoch mehr als ein typischer Kirchenwirt. Gutbürgerliche Küche mit Produkten aus der eigenen Hausmetzgerei – berühmt ist die Plainer Bratwurst – bestimmen die Karte, die historischen Stüberl geben sich gemütlich bis gediegen. Wer es den Pilgern gleichtun will, beschreitet den Weg zum Gasthof zu Fuß und besichtigt vor dem Wirtshausbesuch die eindrucksvolle Wallfahrtskirche. Spätestens bei der Aussicht von der Wirtshausterrasse über das Stadtpanorama entkommt jedem ein wohliges Seufzen.

KO.Co Kocherei & Co

ZEITGEISTIG | ZENTRAL

A   Priesterhausgasse 12
T   +43 662 877 361 20
W   www.koco-salzburg.at

Wenn es klassische Wirtshausküche in jungem Ambiente sein
soll, empfiehlt sich ein Besuch
im KO.Co. Hier widmet man sich
neu interpretierten Wirtshaus-
schmankerln, das Interieur ist
hell, geradlinig und fast ein
bisschen poppig, der Gastgarten bringt Ruhe mitten in den
Trubel des Altstadtlebens. Neben
Klassikern wie Backhendl oder
Paprikahendl serviert man Zeit-
geistiges wie Avocado-Karotten-
salat. Salzburger „Streetfood"
mit Käsekrainer und Leberkäse
komplettiert das Angebot.

Gasthof Schloss Aigen

GEDIEGEN
RINDFLEISCH-SPEZIALITÄTEN

A   Schwarzenbergpromenade 37a
T   +43 664 408 151 5
W   www.schloss-aigen.at

Sympathisch und sehr gepflegt
geht es im Gasthof Schloss
Aigen zu, der besonders idyllisch
liegt und mit einem fast noch
idyllischeren Gastgarten ausgestattet ist. Spezialität des
Hauses ist hochwertiges Rindfleisch in allen Variationen, vom
Tafelspitz über die gebratene
Kalbsleber bis hin zum edlen
Filetsteak. Die Weinkarte ist umfangreich.

Gasthaus Hinterbrühl

ALTEINGESESSEN | TRADITIONELL

A   Schanzlgasse 12
T   +43 662 844 327
W   www.gasthaus-hinterbruehl.at

Im Gasthaus Hinterbrühl erlebt
man die Wirtshauswelt, wie sie
sein soll: Gutbürgerliche Hausmannskost mit Bratwurst, Brau-
meisterschnitzel oder Pofesen
werden in der urigen Wirtshausstube verspeist, im Sommer lockt
der Gastgarten in die Schanzlgasse. Trotz der Lage direkt an der
Touristenroute von der Altstadt ins
Nonntal ist das Gasthaus Hinterbrühl übrigens noch herrlich unverfälscht – kein Wunder, dass es
bei Einheimischen so beliebt ist.

Augustiner Braugasthof Krimpelstätter

HAUSMANNSKOST | INSTITUTION

A   Müllner Hauptstraße 31
T   +43 662 432274
W   www.krimpelstaetter.at

Der Krimpelstätter gehört zum
Salzburger Wirtshauskanon wie
das Amen im Gebet: In unmittelbarer Umgebung der Augustiner
Brauerei Mülln schenkt er nicht
nur deren berühmtes Märzen
aus, er ergänzt es auch mit
deftiger Hausmannskost, die
sich mit den Jahreszeiten wan-
delt. Wunderschön sitzt es
sich im Kastaniengarten, urig
in den Stuben.

Gasthaus Zwettler's

HAUSMANNSKOST
MITTEN IM GESCHEHEN

A   Kaigasse 3
T   +43 662 844 199
W   www.zwettlers.com

In bevorzugter Lage, dort wo
die Kaigasse in den Mozartplatz
einmündet, gibt das beschwingte
Team des Zwettler's den kulinarischen Ton an. Im historischen
Altstadthaus steht bewährte,
deftige Hausmannskost auf den
Tischen – Schnitzel und Beuschel,
Spinatknödel oder Kasnock'n. Die
Stube ist gemütlich und detailverliebt dekoriert, der Schanigarten entlang der Altstadtgasse ein
Highlight. Wer sich sicher sein will,
einen Tisch im Freien zu ergattern,
sollte reservieren.

Gasthaus Hinterbrühl

Bio Restaurant Humboldt

Zum fidelen Affen

Zum fidelen Affen

VIEL ATMOSPHÄRE
MITTEN IM GESCHEHEN

A   Priesterhausgasse 8
T   +43 662 877 361
W   www.fideleraffe.at

Wirtshausschild und Einrichtung des fidelen Affen in der Priester-hausgasse wirken wie die Kulisse eines Märchenfilms, die Wirts-hauskarte gibt sich traditionell, aber inspiriert. Trotz der Lage im Epizentrum der Altstadt ist der „Affe" dabei authentisch geblie-ben: Gute Wirtshausküche, faire Preise, charmanter Service und ein Publikum, das Jung und Alt, Einheimische und Gäste vereint. Am großen zentralen Bieraus-schank in der Gaststube werden Trumer Pils und Weißbier von „Die Weisse" gezapft, der Scha-nigarten in der Altstadt-Fuß-gängerzone eignet sich bestens, um den Besucherrummel zu beobachten.

Mostschenke im Rauchenbichlgutl

PER SPAZIERGANG ERREICHBAR
AUS EIGENER LANDWIRTSCHAFT

A   Rauchenbichlerstraße 23
T   +43 662 458 048
W   www.rauchenbichlgut.at

Das urige Rauchenbichlgut be-herbergt eine Mostschenke, die man sonst nur aus dörflicheren Gefilden kennt. Dabei liegt es lediglich einen Steinwurf von der Stadtgrenze entfernt. Nach einem kurzen Spaziergang erreicht man den idyllischen Hof vom Stadtteil Itzling aus, dort angekommen wird man kulinarisch reich belohnt: Der Most kommt wie diverse weitere Posten auf der Speisekarte aus eigener Landwirtschaft, bestellt wird etwa Brettljause, Schmalz-brot und saures Rindfleisch, aber auch warme Gerichte.

Bio Restaurant Humboldt

VIEL BIO | KLARE LINIEN

A   Gstättengasse 4
T   +43 662 843 171
W   www.humboldtstubn.at

Auf Wirtshauskost mit Bio-Quali-tät hat sich das Humboldt nach seiner Neueröffnung im Jahr 2019 spezialisiert. Unter dem Motto „Natürlich heimisch" präsentiert die Karte Bio-Schweinsbraten oder gebratenen Bio-Saibling. Kreative Gemüsegerichte machen das Wirtshaus vegetarierfreund-lich. Genossen wird all dies in modern gestaltetem Ambiente im historischen Bürgerhaus. Nicht zu Unrecht werden auch die Lieferanten des Hauses stolz genannt. In der Liste findet sich vieles, was in der (Salzburger) Bio-Szene Rang und Namen hat, von der Demeter-Urgetreidemühle bis zum Bio-Gemüsebauern.

Was die Salzburger Festspiele für die klassische Musik sind, ist das eat & meet für die städtische Gastroszene: Für einen Monat im Jahr dreht sich in der Salzburger Altstadt alles darum, Genuss und Küchenkunst zu zelebrieren. Das Kulinarikfestival präsentiert jeden März die Restaurants, Cafés und Bars des Stadtzentrums im Rahmen von Events, Workshops, Spaziergängen und Themenabenden. Dabei werden Produzenten und Lebensmittel ins Scheinwerferlicht gerückt, Zubereitungstechniken erkundet, Aromen und Küchenphilosophien ausgelotet und nicht zuletzt ein Blick hinter die Kulissen so mancher Restaurantküche ermöglicht.

Intention ist es, die Bandbreite des Salzburger Gastronomieangebots aufzuzeigen und Restaurants in Begegnungsorte zu verwandeln. So sind Salongespräche und runde Tische Teil des Programms und häufig steht der Austausch über den Genuss im Mittelpunkt der Veranstaltungen. Zudem eignet sich das eat & meet ganz wunderbar, um Berührungsängste mit der Haute Cuisine abzubauen. Dafür sorgen etwa niederschwellige Veranstaltungen in gehobeneren Etablissements, die dazu beitragen, Haubenkulinarik nahbar zu machen.

Das eat & meet findet jährlich im März statt. Alle Informationen finden Sie unter www.salzburg-altstadt.at/de/eat-meet.

eat & meet

The Glass Garden

Arthotel Blaue Gans

Arthotel Blaue Gans

Arthotel Blaue Gans

Restaurants und Fine Dining

11

Fein speisen, nicht nur am Abend

In diesem Kapitel finden Sie Tipps für den Gusto nach etwas Besonderem: Ich präsentiere Ihnen Restaurants von extravagant bis geradlinig, von hochklassig bis entspannt, von klassisch bis kreativ.

Ihnen gemein ist, dass sie gute Anlaufpunkte für besonders gepflegte Abendessen sind: Im Gastgarten oder in der Jahrhundertwende-Villa, in aufregender Glasarchitektur oder in historischem Gemäuer. Der Gusto nach klassisch österreichischer Küche führt Sie in den Auerhahn; soll es urban und hip sein, ist das Paradoxon eine gute Wahl. Im The Glass Garden speisen Sie mit eindrucksvollem Blick auf die erleuchtete Stadt und richtig herzlich wird es im Huber's im Fischerwirt. Oder legen Sie besonderen Wert darauf, mitten im Altstadtgeschehen zu sein? Dann ist die Blaue Gans ein Tipp, den ich immer wieder gerne ans Herz lege, ebenso die Geheime Specerey, in der es Feines mit einer Prise Italianità zu verkosten gilt. Doch eigentlich muss ich sagen: Jedes Restaurant der folgenden Liste ist handverlesen. Suchen Sie sich einfach ihr liebstes aus! Und übrigens: Wenn Sie Ihren Restaurantbesuch rund um die Salzburger Festspiele planen, verrate ich Ihnen im dazugehörigen Kapitel noch einige Spezialtipps.

Restaurant Ikarus

Restaurant Ikarus, Carpe Diem Lounge – Café, Mayday Bar und Outdoor Lounge Hangar-7

HIGH CLASS
SPANNENDES KONZEPT

A   Wilhelm-Spazier-Straße 7a
T   +43 662 219 7
W   www.hangar-7.com

Das Restaurant Ikarus im spektakulären Hangar-7 gilt nicht nur als das wohl spannendste Restaurant Salzburgs, es bringt mit seinem Gastkoch-Konzept außerdem die besten Köche und Köchinnen der Welt zu mehrwöchigen Gastspielen in die Stadt. Außerdem beherbergt der Hangar-7 mit dem Carpe Diem Lounge – Café einen empfehlenswerten Frühstücks-Spot, mit der Mayday Bar eine Cocktailbar mit Blick auf diverses Fluggerät sowie mit der Outdoor Lounge einen sonnigen Platz für Köstliches vom Grill. Wer auf der Suche nach einem außergewöhnlichen kulinarischen Erlebnis ist, kann jetzt aufhören zu suchen.

Ikarus, grüß mir die Sterne

Das Gourmetrestaurant des Hangar-7 und sein Gastkoch-Konzept

Mayday Bar

Mayday Bar

Es braucht wohl einen besonderen Weitblick, ein solch ehrgeiziges Projekt in die Tat umzusetzen: Ein öffentlicher Hangar für Flugzeuge und Rennboliden, der mit aufwendiger Gastronomie und Ausstellungen zeitgenössischer Kunst zu einem Gesamtwerk verschmilzt. Dass ein ebensolches im Jahr 2003 ausgerechnet in Salzburg die Pforten öffnete, kam nicht von ungefähr. Vater des Gedankens war der Rote Stier von Red Bull, der nun als Genius Loci des Hangar-7 allgegenwärtig seine Hörner präsentiert. Gastronomisch gesehen gibt er sich vielfältig und in der Publikumsbeglückung flexibel: Im Carpe Diem Lounge – Café serviert man Frühstück und kleine Speisen, die Mayday Bar

bietet in luftiger Höhe Cocktails und Barfood. Das Herzstück des Hangar-7 bildet jedoch sein Gourmetrestaurant.

Das gastronomische Konzept des Restaurant Ikarus gibt sich dabei ebenso spektakulär wie der Bau, in dem es sich befindet. Nicht nur ein hauben- und sternegekrönter Koch führt die Geschicke des Restaurants, im Jahreslauf sind es mehr als zehn. Das Restaurant Ikarus lädt nämlich monatlich wechselnde Gastköche und -köchinnen aus den besten Häusern der Welt – von den USA bis Japan und von Skandinavien bis Südostasien – in seine heiligen Hallen. Erdacht hat dieses Konzept kein Geringerer als Jahrhundertkoch Eckart

Witzigmann, dem Martin Klein als Executive Chef zur Seite steht.

Zahlreiche große Namen der internationalen Kulinarikszene folgten dem Ruf nach Salzburg: René Redzepi kam etwa aus dem Noma zu Besuch, Paolo Casagrande aus dem Lasarte.

Dass dieses Konzept funktioniert, beweisen die glänzenden Bewertungen des Restaurant Ikarus: Drei Hauben und zwei Michelin-Sterne nennt es sein Eigen. Wer nun dazu ansetzt, Salzburg-Besuche nach Gastkoch-Engagements zu planen: Die Webseite des Hangar-7 informiert.

Restaurant Paradoxon

The Glass Garden

Huber's im Fischerwirt

HIGH CLASS | TRADITIONELL

A   Peter-Pfenninger-Straße 8
T   +43 662 424059
W   www.fischerwirt-liefering.at

Wenn es Gourmetküche mit Herz sein soll, ist Huber's im Fischerwirt in Alt-Liefering die erste Wahl. In dem von Andrea und Harald Huber geführten Restaurant fühlt man sich vom ersten Augenblick an willkommen. Die mehrfach ausgezeichnete Küche gibt sich lokal verwurzelt, beweist dabei aber Weitblick. Wer feine Huber's-Produkte mit nach Hause nehmen will, beehrt nach dem Mahl die hauseigene Vinothek und Greißlerei.

Esszimmer

HIGH CLASS | ZEITGEISTIG

A   Müllner Hauptstraße 33
T   +43 662 870 899
W   www.esszimmer.com

In Andreas Kaiblingers Esszimmer geht sprichwörtlich die Sonne auf – und dabei ist nicht nur die freundlich gelbe Wandfarbe gemeint. Das Haubenlokal am Müllner Hügel bietet aufmerksamsten Service zur gepflegten, kreativen Küche. Diese kredenzt wechselnde Gourmet-Menüs, die nicht nur den genießerischen Stammgästen schmecken. Wer nur ins Restaurant „hineinschnuppern" möchte, kommt auf ein Mittagsmenü, wer die Küche des Chefs auch zuhause ausprobieren möchte, lässt sich auf dessen Foodblog „Essen lieben" inspirieren.

Restaurant Paradoxon

HIGH CLASS | HIP UND INSPIRIERT

A   Zugallistraße 7
T   +43 664 161 619 1
W   www.restaurant-paradoxon.com

Spannend und unkonventionell geht es im Paradoxon zu: Diese zeitgeistige Adresse für ein gediegenes Abendessen wird von Martin Kilga in kreativer Manier und mit sich ständig wandelndem Konzept geführt und besinnt sich puristisch auf die Inszenierung bester Zutaten. So hip das Interieur, so inspiriert die sich regelmäßig ändernde Speisekarte, so entspannt das Publikum. Eine Do-it-yourself Gin-Bar ergänzt das gastronomische Angebot und ist ein Grund, warum Abende im Paradoxon meist nicht nur besonders schön, sondern auch besonders lang werden.

The Glass Garden

HIGH CLASS | ÜBER DEN DÄCHERN

A   Mönchsberg Park 26
T   +43 662 848 555 0
W   www.monchstein.at

Das The Glass Garden ist nicht nur das hauseigene Restaurant des mondänen 5 Sterne Superior Hotel Mönchstein, es ist vor allem auch eine Augenweide: aufregende Glasarchitektur, sanfte Farben, Kunst und ein spektakulärer Blick auf die Stadt sind die schönsten Speisebegleiter. Die Gourmet-Küche wartet wahlweise mit Degustationsmenüs samt gepflegter Weinbegleitung auf oder präsentiert die wohl besten Steaks der Stadt vom Holzkohlegrill. Vor oder nach dem Mahl lädt die benachbarte Apollo Bar zu Aperitif oder Digestiv und wer sich das ganz besondere Verwöhnprogramm gönnen möchte, verbringt die Nacht in einem der Schlosszimmer. PS. Der hauseigene Spa bietet einen Infinity-Pool mit Stadtblick.

Flavour Weinbar & Restaurant

GEHOBEN, ABER INTIM | MODERN

A   Imbergstraße 21
T   +43 662 872 176
W   www.flavour.co.at

Schick, aber gemütlich. Ein wenig mondän, dabei aber intim: Das Flavour in der Imbergstraße eignet sich besonders gut als Austragungsort für romantische Tête-à-Têtes bei gedämpftem Licht und köstlichem Essen. Die wechselnde Speisekarte hat saisonalen Einschlag, begleitet wird das feine Mahl von einer guten Wein- und großen Gin-Auswahl. Im Sommer lässt sich der romantische Abend in den kleinen Gastgarten verlegen.

Arthotel Blaue Gans

GEHOBEN, ABER ENTSPANNT
KÜNSTLERISCH WERTVOLL

A   Getreidegasse 41–43
T   +43 662 842 491
W   www.blauegans.at

Mit der Blauen Gans darf ich eines meiner Liebkinder vorstellen: Dieses Arthotel ist wohl eine der stilsichersten Adressen, um in Salzburg gepflegt abzusteigen – vor allem für kunstaffine Damen und Herren. Nicht nur liegt das Haus, das zu den traditionsreichsten Gastronomiebetrieben der Stadt zählt, unmittelbar an den Festspielhäusern, es schmeichelt sich mit seinem Design- und Kunstkonzept besonders ans ästhetische Gemüt. Kulinarisch ist die Blaue Gans ebenso eine meiner großen Empfehlungen: In Gewölbe, Brasserie, Weinarchiv und Gastgarten kommt Anspruchsvolles auf den Tisch. Die wohlkuratierten Abendmenüs widmen sich wechselnden Mottos, zu Mittag bestellt man etwa Pasta aus der hauseigenen Manufaktur.

Arthotel Blaue Gans

Restaurant Brunnauer

HIGH CLASS, ABER
NIEDERSCHWELLIG | MODERN

A   Fürstenallee 5
T   +43 662 251 010
W   www.restaurant-brunnauer.at

In Richard Brunnauers Gourmet-Restaurant zu speisen ist stets ein besonderer Genuss. Hier fühlt man sich schlicht willkommen, nimmt in eleganter, aber entspannter Atmosphäre Platz und freut sich über die stilvoll-geradlinige Küche des Meisters. Hier treffen beste regionale Zutaten auf einen klaren Küchenstil, die historische Ceconi-Villa, in der das Restaurant untergebracht ist, bietet dazu eine stilsichere Bühne. Das Mittagsmenü ist in der Stadt unübertroffen.

Restaurant Auerhahn

GEDIEGEN | VERSTECKTE PERLE

A   Bahnhofstraße 15
T   +43 662 451 052
W   www.auerhahn-salzburg.at

Der Gasthof Auerhahn im Salzburger Bahnhofsviertel ist das beste Beispiel dafür, dass man sich von Umfeldfaktoren nicht täuschen lassen soll. Eingefleischte Salzburger Gourmets wissen natürlich, dass man hier klassische, saisonal inspirierte Küche bester Qualität genießt. Neubesucher haben die Lage nahe der Bahngleise spätestens beim ersten Bissen vergessen. Bio-Tafelspitz, Lammkarree mit Ratatouille-Gemüse, Seesaibling mit Zitronencreme und zum Abschluss karamellisierter Apfelschmarrn stehen bei unserem letzten Besuch auf der Karte und werden von Küchenchef Gerhard Pongratz meisterhaft zubereitet. Das Interieur gibt sich gediegen und modern, der Gastgarten ruhig und einladend.

Restaurant Köchelverzeichnis

KLEIN UND FEIN | FÜR ROMANTIKER

A   Steingasse 27
T   +43 664 516 750 1
W   Keine Website

Im Köchelverzeichnis findet sich üblicherweise Mozarts sortiertes Gesamtwerk; kommt eine kulinarische Komponente hinzu, befindet man sich in den Händen von Andrea Hick. Diese kocht in ihrem Köchelverzeichnis in der Salzburger Steingasse in kleinem, aber feinem Ambiente. Was dabei an stets wechselnden Gerichten auf den Tisch kommt, wird feinsäuberlich auf einer Kreidetafel notiert, ist meist mediterran im Stil und ein Gaumenschmeichler im besten Sinn. Als Gast nimmt man an der großen Holztafel Platz oder begibt sich zum Tête-à-Tête an einen der kleinen Marmortische. Ein paar Gläser Wein und die romantische Stimmung bei Kerzenlicht tun das Ihre hinzu.

Restaurant Brunnauer

Sacher Grill

GEHOBEN, ABER ENTSPANNT
DER UR-SALZ-BURGER

A   Schwarzstraße 5–7
T   +43 662 889 772 383
W   www.sacher.com/de/restaurants/
     sacher-grill

Der Sacher Grill war lange Zeit
als Salzachgrill bekannt, wurde
jüngst runderneuert und 2019
in neuem Glanz wiedereröffnet.
Altbewährtes wie der kultige
SalzBurger blieb auf der Karte, das
helle, einladende Interieur sorgt
nun für frischen Wind. Küchenchef
Michael Gahleitner verfolgt eine
klassische, verfeinerte Küchenlinie, die Altbewährtes, aber auch
immer wieder Visionäres auf den
Tisch bringt. Die Speisekarte
verrät historische Hintergründe zu
vielen ihrer bewährten Gerichte.

SENNS.Restaurant

HIGH CLASS | ZEITGEISTIG

A   Söllheimerstraße 16,
     Objekt 6, im Gusswerk
T   +43 664 454 023 2
W   www.senns.restaurant

Andreas Senn präsentiert
seine hochdekorierte Küche in
der spannenden Atmosphäre
des alten Gusswerks. Wo einst
Glocken gegossen wurden, wird
heute Gourmetküche zelebriert
– leicht, innovativ, überraschend
und mit einer guten Prise Zeitgeist gewürzt. Senns spannende
Kombinationen aus Texturen und
Aromen werden in mehrgängigen
Menüs gereicht. Wer beim Meister
lernen will, bucht anschließend
einen Kochkurs.

Sacher Grill

St. Peter Stiftskulinarium

Restaurants und Fine Dining SALZBURG STADT 100

St. Peter Stiftskulinarium

HISTORISCH | EDEL

A   St. Peter Bezirk 1/4
T   +43 662 841 268 0
W   www.stpeter.at

Die Grundfesten des St. Peter Stiftskulinariums gehen auf eine Zeit zurück, in denen Jahreszahlen noch dreistellig waren. Dieses historische Flair zieht sich durch die vielen Säle und Stüberl, in denen sich geneigte Genießer niederlassen: urig in der Petrusstube, glanzvoll im Barocksaal oder aufregend designt im Virgilsalon. Die Küche hingegen gibt sich weder historisch und schon gar nicht verstaubt. Das Gourmet-Restaurant liefert mit seinen Connaisseur-Menüs und der Weinbegleitung vom Spitzensommelier ein kreatives Verwöhnprogramm. Besonders schön putzt sich das Stiftskulinarium übrigens zur Weihnachtszeit heraus: Im Advent erhalten die Stuben ihre traditionelle und berühmte Winterwunderland-Dekoration.

Pfefferschiff

HIGH CLASS | INSTITUTION

A   Söllheim 3
     5300 Hallwang bei Salzburg
T   +43 662 661 242
W   www.pfefferschiff.at

Das Pfefferschiff zu Söllheim ist der Klassiker unter Salzburgs Gourmet-Adressen – eine Institution in der Spitzengastronomie. Chef Jürgen Vigne führt die Küche so exzellent wie geradlinig, das Restaurant gibt sich exquisit, aber niemals zu steif. Bestellen sollte man eines der erlesenen Menüs, flüssige Begleitung spendet die große Weinkarte. Romantisch im historischen Mesnerhaus gelegen vermittelt das Gourmet-Restaurant edle Wohlfühlatmosphäre – ein Genuss, der mit diversen Hauben, Sternen und Gabeln prunken darf und sich immer wieder lohnt.

Geheime Specerey

FEINE KOST
ALTSTADT-SCHANIGARTEN

A   Sigmund-Haffner-Gasse 16
T   +43 699 175 018 06
W   www.felleis-knittelfelder.at/
     specerey

Bei der Geheimen Specerey ist es schon der Name allein, der neugierig macht. Und diese Neugier wird beim ersten Schluck Wein, beim ersten Bissen Pasta Fresca nicht enttäuscht. Im vom Gastronomen-Gespann Andreas Felleis & Patrick Knittelfelder geführten Betrieb kommt feine Kost von besten Produzenten auf den Tisch. Die Weideschwein-Spezialitäten (butterzarter Lardo, Ragout auf der frischen Pasta, feiner Prosciutto) stammen aus eigener Zucht und Veredelung, der hochwertige Dosenfisch (weißer Thunfisch, Sardinen, Herzmuscheln) ist gar nicht schnöde. Dazu ausgewählte Weine aus dem gut bestückten Weinkeller im historischen Gewölbe und so ein Abend bei quasi-mediterraner Stimmung im kopfsteingepflasterten Altstadt-Schanigarten hat das Potenzial, zum Lieblingsszenario zu werden.

Salzburg zur Festspielzeit

Festspiel-Kulinarik

12

Essen, trinken und feiern vor und nach den Vorstellungen

Als kulinarisch ambitionierte Einwohnerin der Stadt Salzburg bereiten mir jene Monate, in denen die Salzburger Festspiele die Altstadt in einen großen kosmopolitischen Laufsteg verwandeln, zwar primär Euphorie – aber auch ein paar vereinzelte Sorgenfältchen. Weshalb erkläre ich gern. Euphorisch stimmen sie, weil es ein unschätzbares Privileg ist, die wohl exzellentesten Darbietungen internationaler Bühnenkunst, die auf dem Erdenrund anzutreffen sind, direkt vor der Haustüre zu wissen. Es passiert immer wieder, dass man beim schnellen Markteinkauf Opernstars oder Schauspielsternchen über den Weg läuft und das internationale Flair der Festspielzeit verleiht der Kleinstadt Salzburg für ein paar Wochen den Duft einer Metropole.

Trotzdem sorgen die Festspielmonate auch manchmal für Stirnrunzeln: Nie sonst sind die Altstadtgassen und -plätze so belebt und gut besucht und nie ist es wichtiger, ein gepflegtes Abendessen außer Haus schon frühzeitig zu planen. Wenn ich hier also ein paar Tipps für ein Dinner nach dem Konzert, ein Gläschen vor der Oper oder einen Kaffee vor der Matinee fallen lasse, dann sei stets empfohlen: Reservieren Sie zeitig einen Tisch! Meine Empfehlungen richten sich außerdem nach den Spielstätten der Salzburger Festspiele. Jene, die sich um den städtischen Festspielbezirk gruppieren, versorgen Sie vor oder nach dem Besuch der Festspielhäuser, der Kollegienkirche, des Landestheaters oder der Felsenreitschule. Zieht es Sie zum Theater auf die Pernerinsel, helfen meine Tipps zu Speis und Trank in Hallein weiter.

Restaurant Goldener Hirsch

GEDIEGEN | TRADITIONELL

A   Getreidegasse 37
T   +43 662 808 40
W www.restaurantgoldenerhirsch.at

Der Goldene Hirsch nahe der Festspielhäuser ist ein Traditionsbetrieb der besten Sorte: Im elegant-rustikalen Restaurant des Luxushotels speist man gediegen und in historischem Flair. Auf der Karte steht klassische Küche in verfeinerter Zubereitungsart, das Interieur gibt sich ländlich und traditionell mit den charakteristischen Hirschmotiven des Hauses, viel Waldmeistergrün und kernigem Holz. Am Herd ist Küchenchef Martin Bednarik federführend.

Konoba Pinna Nobilis

MEDITERRAN | FISCHGERICHTE

A   Kornsteinplatz 2
     5400 Hallein
T   +43 660 556 030 6
W www.pinnanobilis.at

Kroatische Fischgerichte sind die Spezialität der kleinen und sehr feinen Konoba Pinna Nobilis. In der offenen Küche brutzeln Meeresfische oder Scampi am Grill, die Speisekarte gestaltet sich nach Verfügbarkeit der frischen Ware. Feines Ambiente, herzliches Personal und eine wohlkuratierte Weinkarte kreieren Urlaubsflair inmitten der Halleiner Altstadt.

Gasthof Goldgasse

GEHOBEN | ELEGANT

A   Goldgasse 10
T   +43 662 848 200
W www.gasthofgoldgasse.at

Wer klassische Küche auf höchstem Niveau und in elegantem Ambiente erleben will, sollte den Gasthof Goldgasse im gleichnamigen Altstadtgässchen aufsuchen. Hier serviert man gediegene österreichische Küche, die Tafelkultur ist edel, der Service exzellent. Das Backhendl kommt etwa auf Wiesenheu im Kupferpfandl auf den Tisch, die Salzburger Nockerl mit hausgemachtem Vanilleeis. Eine ideale Adresse für alle, die es gern klassisch und gepflegt haben und gemütliches Ambiente lieben.

Pan Café

ZEITGEISTIG | JUNG

A   Metzgergasse 9
     5400 Hallein
T   +43 678 127 63 09
W www.pancafe.at

Das junge Café im alten Gemäuer hat sich auf handwerklich perfekt zubereiteten Kaffee und vegan-vegetarische Küche aus aller Welt spezialisiert. Die Kaffeebohnen stammen aus ausgewählter Rösterei, die dazu gereichte Milch wird auch in diversen pflanzlichen Varianten angeboten. Zu Mittag bestellt man wechselnde Tellergerichte mit pflanzlichem Schwerpunkt, das Frühstücksangebot erfreut sich großer Beliebtheit.

Hohlwegwirt

VERFEINERT
VOR DEN TOREN DER STADT

A   Salzburger Straße 84
     5400 Hallein
T   +43 624 582 415 0
W www.hohlwegwirt.at

Feine, gutbürgerliche Küche mit so berühmten wie beliebten Pasteten serviert der Hohlwegwirt vor den Toren Halleins. Die Karte hat ein traditionelles Herz, macht aber immer wieder Ausflüge in internationale Gefilde. Gekocht wird durchwegs mit Leidenschaft und bester Gastfreundschaft. Aufgrund seiner Lage ist der Hohlwegwirt außerdem der perfekte Kompromiss zwischen den Festspielorten Salzburg und Hallein – er liegt praktischerweise in der Mitte.

Resch & Lieblich

FÜR EIN GLAS ZWISCHENDURCH
GASTGARTEN

A   Toscaninihof 1A
T   +43 699 104 234 20
W Keine Website

Der Resch & Lieblich ist eine kleine Institution des Festspielbezirks – und der Beisatz klein ist dabei wörtlich gemeint: Das zierliche Häuschen im Toscaninihof verfügt über ein rustikales Innenleben mit nackter Felswand und einen Gastgarten mit seitlicher Aussicht aufs Festspielhaus. Serviert werden kleine Speisen und Getränke. Das Gulasch ist seit Jahren bewährt, dazu gibt es ein Glas Bier oder Wein und die Gewissheit, sich für ein paar Minuten auf einer Insel der Ruhe innerhalb des Festspieltrubels zu befinden.

Wacht über dem Festspielbezirk: Die Festung

Genussbegleiter

Die Wiener-Philharmoniker-Gasse mit dem Restaurant Triangel

Restaurant-Bodega Toro Toro

HIGH CLASS
DAS BESTE AUS SPANIEN

A   Schloss Altendorffstraße 2
    5400 Hallein
T   +43 624 584 223
W   www.toro-toro.at

Das Toro Toro genießt seit geraumer Zeit den Ruf, wohl einer der besten Spanier Österreichs zu sein. Aus der von Gisela Reitsamer geführten Küche kommen dabei Klassiker der spanischen Küche in Form von ausführlichen Menüs oder À-la-carte-Bestellungen in tadelloser, verfeinerter Zubereitungsart. Die Weinauswahl ist wohlgestaltet, großes Augenmerk liegt auf frischestem Fisch und Meeresfrüchten. Auch das gediegene Ambiente in den Mauern eines alten Schlosses lässt auf charmante Art keinen Zweifel daran, welcher Landesküche hier gefrönt wird.

Die Genuss-krämerei in der goldenen Kugel

SCHLEMMEN IN DER KRÄMEREI
JUNG UND FEIN

A   Gollinger-Tor-Gasse 1
    5400 Hallein
T   +43 664 750 322 36
W   www.genusskraemerei.at

Die Genusskrämerei ist Universalversorgerin für Genießer: Morgens serviert sie Frühstück und Brunch, mittags und abends Feines, etwa Tapas oder Pasta, aber auch knusprigen Schweinebauch auf Selleriecreme, gebratene Lachsforelle mit Fregola Sarda oder eine süße „gute Tarte". Wer will, kauft in der angeschlossenen „Markthalle" ein und wer auch außerhalb der schicken, geschmackvoll gestalteten Lokalräumlichkeiten Sehnsucht nach den Krämern hat, bucht sie für ein Catering oder nimmt beste Verpflegung für zuhause mit.

Restaurant Triangel

KULTURWIRTSHAUS
SEHEN UND GESEHEN WERDEN

A   Wiener-Philharmoniker-Gasse 7
T   +43 662 842 229
W   www.triangel-salzburg.co.at

In der Triangel sitzen Festspielgäste neben Studenten und Klassikstars neben Pensionisten: Grund dafür ist wohl einerseits die unmittelbare Nähe zu den Festspielhäusern, andererseits die herzliche und durchwegs entspannte Atmosphäre dieses „Wirtshauses von Welt". Gekocht wird klassisch und frisch, die Gerichte auf der Speisekarte kommen gern saisonal wechselnd und auf der Basis regionaler Produkte auf den Tisch. Dieser steht entweder in der rustikalen, mit den Fotos von Stargästen dekorierten Stube oder im Schanigarten entlang der Wiener-Philharmoniker-Gasse – der Loge des Festspielbezirks schlechthin.

Döllerers Genusswelten

HIGH CLASS
EIN MUSS FÜR FEINSCHMECKER

A   Markt 56
    5440 Golling
T   +43 624 442 200
W   www.doellerer.at

Döllerers Genusswelten sind ein Konglomerat an Genussreichem, in dem man viel Zeit verbringen kann: Edel und exquisit das Genießerrestaurant, herzlich und unverfälscht das Wirtshaus und zum kulinarischen Kaufrausch verführend die Enoteca und der Feinkostladen. Vermutlich muss ich Ihnen an dieser Stelle gar nicht sagen, wie hochdekoriert Andreas Döllerers Cuisine Alpine ist und wie wohl man sich in dessen Familienbetrieb stets fühlt. Sie haben es bestimmt schon selbst erfahren – oder gar schrecklich viel verpasst.

Döllerers Genusswelten

Hier sowohl eine Information in Ihrem Sinne, als auch eine gewisse Vorwarnung: Der Umstand, dass ein Gutteil der gastronomischen Einrichtungen Salzburgs am Sonntag geschlossen hat, trifft Gäste wie Einheimische oft unerwartet.

Deswegen stellt sich an vielen Sonntagen die immer, immer wiederkehrende Frage, wohin man am Tag des Herrn eigentlich gehen kann, wenn Hunger oder Kaffeedurst Überhand nehmen, man ein Sonntagskipferl haben möchte oder ein Gin Tonic gefragt ist.

Damit Sie in diesem Falle vorbereitet sind und nicht vor verschlossenen Türen stehen, sollen diese Seiten ein kleines Nachschlagewerk sein. Bitte berücksichtigen Sie dennoch: Die Öffnungszeiten von Restaurants, Cafés und Bars ändern sich oft ebenso schnell wie die Jahreszeiten. Deswegen empfiehlt es sich, vor dem Aufbruch noch einmal online zu überprüfen, ob das Lokal der Wahl auch wirklich Gäste empfängt.

Café Tomaselli

Am Sonntag

Café-Konditorei Fingerlos

Cafés

Café Tomaselli	65
Café Wernbacher	65
Café Sacher	78
Glüxfall	20
Café-Konditorei Fingerlos	18
Café Bazar	64
Schweiger Deli	18
Kaffee-Alchemie	64
Favorite Kamer	71
Afro Café	55

St. Peter Stiftskulinarium

M32

Urbankeller

Restaurants & Wirtshäuser

Urbankeller	119
Bio Restaurant Humboldt	89
Bärenwirt	86
Ristorante Pizzeria Da Giacomo	53
Gasthof Goldgasse	104
The Green Garden	19
Gasthaus Zwettler's	88
Huber's im Fischerwirt	96
The Glass Garden	97
Flavour Weinbar & Restaurant	97
St. Peter Stiftskulinarium	101
M32	58

Bars & Pubs

Alchimiste Belge   118

Imlauer Sky – Bar & Restaurant   59

Murphy's Law   129

K+K Tagesbar   134

Sacher Bar   135

Darwin's Cafe Bar   135

K+K Tagesbar

Sacher Bar

Genussbegleiter   113

Sudkessel in der Augustiner Brauerei Mülln

13

Bierkultur

Salzburg wird manchmal die geheime Bier-Hauptstadt Österreichs genannt – kein Wunder, schließlich wird hier schon seit Jahrhunderten Bier gebraut. Manche dieser historischen Brauereien sind mitsamt ihren Braugasthöfen auch heute noch in Betrieb und locken mit Hausgebrautem und Hausmannskost.

Viele der Salzburger Bierspezialitäten sind dabei weit über die Grenzen des Landes bekannt, allen voran jene der Stieglbrauerei, die als lokaler Bier-Primus in Stadt und Land allgegenwärtig ist. Doch auch andere Brauereien machen von sich reden: Die Trumer Brauerei mit ihrem Pils ist vielfach international preisgekrönt und die Brauerei Gusswerk ist erste Adresse für biologisches Craft Beer. Wer sich durch die gesamte Biervielfalt der Stadt kosten will, sollte daher für eine ordentliche „Unterlage" sorgen. Folgende Auswahl umfasst die besten, abwechslungsreichsten und ikonischsten unter den Salzburger Bierlokalen, Kleinbrauereien und Braugasthöfen und informiert über ausgeschenkte Biere.

Die Autorin dieser Zeilen trinkt übrigens am liebsten das leichte Trumer Hopfenspiel. Wer es kosten will, wendet sich vertrauensvoll an die Trumerei (Seite 117) oder an den Fidelen Affen (Seite 89).

Dieser Spaziergang führt einmal quer durch die Salzburger Bier-
szene, ihre Brauereien, Bierspezialitäten und Lokale. Über eine
Strecke von rund fünf Kilometern und eine reine Wegzeit von
etwas mehr als einer Stunde wandern wir die Salzach entlang in
die Altstadt, durch historische Gassen und Brauereitraditionen
bis hinaus in den Stadtteil Schallmoos. Wer möchte, kann dabei in
jedem der genannten Bierlokale einkehren und ein „Seiterl" verkosten,
dann dauert die Tour naturgemäß länger, ist aber umso genussvoller.

Vom modernen Wirtshaus
im Neubauviertel
zum urigen Biergarten
im historischen Ambiente

Urbanes Wirtshausflair in der Trumerei

1

Trumerei

BIERE:
Trumer Pils, Trumer Hopfenspiel,
Trumer Märzen u. a.

A   Strubergasse 26
T   +43 662 265 432
W   www.trumerei.at

Wir starten unseren Bierspaziergang am Gelände des Stadtwerks Lehen, eines architektonisch spannenden Quartiersprojekts am Gelände der ehemaligen städtischen Energiewerke, das uns Salzburg von einer eher untouristischen Seite zeigt. Hier hat sich mit der Trumerei ein urbanes Bierwirtshaus etabliert. Den Grundstein hat die Trumer Brauerei gelegt, deren Biere in den beinahe futuristisch anmutenden Brauanlagen in Obertrum am See nach der Slow-Brewing-Philosophie entstehen und hier frisch vom Fass gezapft werden. Wir gönnen uns einen ersten Aperitif. Das Trumer Hopfenspiel ist etwa ein wunderbar hopfenaromatisches, leichtes Pils mit lediglich 2,9 Prozent Alkohol.

Bier-Rituale auf Salzburgisch

Märzen-Bier kommt aus dem Holzfass und wird aus urigen Steinkrügen getrunken. Es herrscht Selbstbedienung, das Ausspülen des Bierkrugs am Brunnen ist ein liebgewonnenes Salzburg-Ritual. Die deftige Unterlage zum Bier liefern die Labstationen im Schmankerlgang.

Augustiner Bräu

BIERE:
Augustiner Märzen, saisonal Fastenbier
und Bockbier

A   Lindhofstraße 7
T   +43 662 431 246
W   www.augustinerbier.at

Sobald wir ausgetrunken haben, bewegen wir uns entlang der Salzach in Richtung Altstadt. Hier finden wir die historische Augustiner Brauerei Mülln mit ihren Trinkhallen, Gastgarten und einer langen Brautradition. Das hier ausgeschenkte, süffige

Augustiner Bräu

2

In den Keller zur Aussicht

3

Restaurant Stieglkeller

BIERE:
Stiegl Goldbräu, Stiegl Paracelsus
Zwickl, Stiegl Columbus Pale Ale,
Stiegl Weisse u. a.

A   Festungsgasse 10
T   +43 662 84 268 1
W   www.restaurant-stieglkeller.at

So gestärkt machen wir uns auf zum längsten Teil unserer Wegstrecke. Entlang des Mönchsbergs bewegen wir uns auf die Altstadt zu. Unweit des Hauses der Natur liegt der Grundstein der Stieglbrauerei zu Salzburg, damals noch das Prewhaus bey dem Stieglein auf der Gstätten. Die beengten Altstadtgassen wurden schon vor geraumer Zeit zu klein und die Stieglbrauerei zog 1863 in den Stadtteil Maxglan. Will man deren Bierspezialitäten in der Altstadt verkosten, sucht man einen ihrer alteingesessenen Schankorte auf. Der Stieglkeller befindet sich oberhalb der historischen Bier-Lagerkeller und bietet eine spektakuläre Aussicht. Wer mag, bestellt zum Bier vom Fass eine deftige Jause.

Internationale Bier-Alchimie

Alchimiste Belge und Beffa Bar

BIERE:
Wechselnde Fassbiere (etwa Verhaeghe,
Leffe, Hoegaarden, Nocksteiner u. a.),
zahlreiche Flaschenbiere

A   Bergstraße 10 und 13
T   +43 660 681 572 5
W   www.alchimiste-belge.at

Von nun an geht's bergab – nämlich wieder hinunter in die Altstadt und quer durch diese hindurch. Wir spazieren über die Staatsbrücke, durchschreiten die Linzer Gasse und finden uns in der Bergstraße wieder. Diese birgt eines der Szeneviertel der Stadt und beherbergt mit dem Alchimiste Belge sowie der Beffa Bar zwei spezialisierte Bierlokale. Dirk Baert, der als diplomierter Biersommelier mit belgischen Wurzeln Salzburg mit der Bierkultur seiner Heimat vertraut machte, bietet gerade im Alchimiste Belge eine Vielzahl an belgischen Bierspezialitäten vom Fass und aus der Flasche an. Hausbier ist dabei das Nocksteiner, ein in Salzburg verwurzeltes Pils im belgischen Stil.

Alchimiste Belge

4

Zur Weissen und zum Kellerbier

Die Weisse Wirtshaus & Sudwerk Bar

BIERE:
Die Weisse, Salzburger Hell, u. a.

A   Rupertgasse 10
T   +43 662 872 246
W   www.dieweisse.at

Kastner's Schenke (s'kloane Brauhaus)

BIERE:
s'Guate Weizenbier, s'Guate Gerstel

A   Schallmooser Hauptstraße 27
T   +43 662 871 154
W   www.kastnersschenke.at

Der nächste Stopp führt uns wieder aus der Altstadt hinaus in eine Gegend, die vor ein paar Jahrhunderten noch Sumpfgebiet ante portas war. Heute birgt der Stadtteil Schallmoos gleich zwei Braugasthöfe, die man als

Bierliebhaber besucht haben sollte: Im bildschönen Kastaniengarten der „Weissen" gönnen wir uns eines der hausgebrauten Weißbiere. Wem nun schon nach Party zumute ist, beschließt den Tag im angeschlossenen „Sudwerk". Ruhig und gemütlich geht es mit hausgebrauten Bierspezialitäten hingegen im „kloanen Brauhaus" in Kastner's Schenke zu. Werfen Sie bei einem Krug „s'Guate" und einer Jause einen Blick auf den Sudkessel.

Die Weisse

Noch immer nicht genug vom Gerstensaft?

Kulturwirtshaus Urbankeller

BIERE:
Steinbier aus dem Brauhaus Gusswerk u. a.

A   Schallmooser Hauptstraße 50
T   +43 662 870 894
W   www.urbankeller.at

Schallmoos liegt ein bisschen außerhalb des touristischen Aufmerksamkeitsradius und damit in einem Teil der Stadt, der etwas urbanere Kultur bietet. Ob der Urbankeller daraus seinen Namen ableitet oder vom Weinheiligen Urban, ist der Verfasserin nicht bekannt. Gewiss ist aber, dass das moderne Wirtshaus im gelbgetünchten Altbau eine der höchsten Bio-Quoten der städtischen Gastwirtschaften erfüllt. Zu Wirtshauskost lässt sich hier schließlich noch Bieriges aus dem Brauhaus Gusswerk verkosten: Das im Urbankeller angebotene Steinbier stammt aus der renommierten Brauerei vor den Toren der Stadt.

EIN HISTORISCHES PORTRAIT

BRAUMEISTER
HANSJÖRG HÖPLINGER UND
BRÄUSTÜBL-DIREKTOR RAINER HERBE

AUGUSTINER BRÄU
KLOSTER MÜLLN SALZBURG
SEITE 123

Früher der Marmorsaal des Hauptbahnhofs, heute der Abt Nicolaus-Saal:
gelungene Revitalisierung im Bräustübl

Craft Beer,
bevor es cool war

Wann auch immer man jemanden fragt, was denn ein absolutes Muss für jeden Salzburg-Besuch sei, kommt wie das Amen im Gebet folgende Anweisung: Ohne eine Stippvisite im Augustiner Bräustübl hat man die Stadt nicht gesehen. Die Klosterbrauerei empfängt schließlich schon seit 1621 Bierdurstige in ihren heiligen Hallen und hält ihre Tradition der Braukunst und Geselligkeit bis heute hoch.

Was dahintersteckt, wie das berühmte Augustiner Bier entsteht und welche Kuriositäten sich in der Klosterbrauerei verbergen, haben mir Braumeister Hansjörg Höplinger und Bräustübl-Direktor Rainer Herbe verraten.

Rainer Herbe kennt das Augustiner Bräustübl wie seine Westentasche: Schon seit 34 Jahren gestaltet er den wohl größten Gastronomiebetrieb der Stadt entscheidend mit. 1100 Sitzplätze zählen die Säle und Stuben des Bräus, noch einmal 1300 kommen im beliebten Kastaniengarten dazu. Der rege Gästeansturm sorgt dafür, dass selbige auch stets gut gefüllt sind – vom Individualtrinker aus aller Welt bis hin zum Stammtischgast, der hier sein erweitertes Wohnzimmer hat. „Bei uns findet man trotzdem immer einen Platz", sagt Rainer Herbe. „Man muss sich halt irgendwo dazusetzen. Das ist schließlich auch der Geist des Bräustübls – diese Geselligkeit, das Beisammensitzen."

Diese Geselligkeit lässt sich im Bräustübl auch in Zahlen ausdrücken. Über 200 Stammtische zählt es mittlerweile und Schilder über den Tischen und Bänken geben bekannt, wann sich wer an welchem Tisch trifft.

Ein ganz besonderer Stammtisch hält im sogenannten Schlappstüberl Hof. Die Schlappgesellschaft ist einer der ältesten Vereine der Stadt und widmet sich schon seit der Mitte des 19. Jahrhunderts dem Biertrinken, Kartenspiel und Diskutieren – und zwar bis heute. Die Mitgliedschaft in der illustren Runde ist alleine schon deswegen besonders exklusiv, weil das Schlappstüberl gerade einmal Platz für rund 20 Personen bietet. Jedes Mitglied verewigt sich daher mit einem Wappen an der Stirnwand. „Welche Spielregeln das ursprüngliche Kartenspiel hatte, ist allerdings schon in Vergessenheit geraten", verrät Rainer Herbe.

Das Herzstück eines Bräustübl-Besuchs ist allerdings nicht das Kartenspiel, sondern das flüssige Gold. Und dieses süffige, allseits beliebte Märzenbier der Salzburger Augustiner Brauerei kennt Braumeister Hansjörg Höplinger unter allen Mitarbeitern am besten. Es wird auch heute noch in der traditionsreichen Klosterbrauerei nach alten Rezepturen hergestellt und in große, schwere Holzfässer abgefüllt. Von dort findet es seinen Weg hinüber in den Ausschank, wo es immer noch von Hand angeschlagen und in Steinkrügen ausgeschenkt wird. „Manche Gäste legen sich unter die Fässer und suchen nach Leitungen. Die gibt es aber nicht, wir arbeiten tatsächlich mit vor Ort angeschlagenen Holzfässern – damit zu hantieren ist körperlich schwere Arbeit für unsere Schankburschen", erklärt Hansjörg Höplinger.

Was man als so alteingesessene Brauerei von der jungen Craft-Beer-Szene hält? „Die Craft-Szene hat Bier wieder modern gemacht, gesellschaftsfähiger. Jetzt hat es wieder den kulturellen Stellenwert, der ihm eigentlich zusteht, und erfährt mehr Wertschätzung, auch bei den Damen", meint Hansjörg Höplinger. „Wobei: Wir produzieren eigentlich schon seit fast 400 Jahren Craft Beer, mit unserer rein handwerklichen Herstellung. Wahrscheinlich sind wir deswegen das beste Beispiel, dass man auch als kleine Brauerei lange Bestand haben kann. Das Wichtigste ist einfach, dass die Leute eine Freude mit dem Produkt haben. Und wenn wir das merken, dann freuen wir uns auch."

Ein historisches Portrait

Stiegl Brauwelt

HAUPTQUARTIER DES
LOKALMATADORS
MUSEUM INKLUSIVE

BIERE:
Stiegl Goldbräu, Stiegl Paracelsus
Zwickl, Stiegl Columbus Pale Ale, Stiegl
Weisse u. a.

A   Bräuhausstraße 9
T   +43 501 492 149 2
W   www.brauwelt.at

Das Hauptquartier der Stieglbrauerei im Stadtteil Maxglan
ist ein wahres Eldorado für Bier-
freunde. Das Gelände der Brau-
welt ist mit einem Museum und
ausladendem Shop ausgestattet,
bietet Bierkurse und regelmä-
ßige Veranstaltungen. Zudem
verfügt es über eine große
Gastronomie mit verschiedenen
Lokalen, die neben dem ohnehin
schon großen Stiegl-Sortiment
eine große Auswahl an internationalen Bierspezialitäten bieten.
Im Stieglitz wartet etwa ein
umfangreich gefüllter Bierkühl-
schrank auf Verkostungswillige,
die Paracelsusstube und das
Bräustüberl locken mit Hausmannskost.

Fuxn – Salzburger Volkswirtschaft

URIG UND QUIRLIG | ZUM VERWEILEN

BIERE:
Fuxn – Salzburger Volksbier,
Tegernseer Hell, Original Budweiser,
Trumer Pils, Schönramer Weißbier

A   Vogelweiderstraße 28
T   +43 662 265 514
W   www.fuxn.at

Das historische Fuchsengut
im Stadtteil Schallmoos wurde
vor einigen Jahren umfassend
renoviert und sprichwörtlich
aus seinem Dornröschenschlaf
geweckt. Aus dem Fuchsengut
wurde die Fuxn und diese frönt
als „Volkwirtschaft" mit einem
jungen Team der Bier- und Wirtshauskultur. Dabei entstand ein
gemütliches Wohnzimmer, in dem
nicht nur Hausmannskost auf den
Tisch kommt, sondern auch eine
große Bierauswahl ins Glas: Das
Fuxn-Bier entsteht als Hausbier
im Brauhaus Gusswerk, dazu
kommen diverse weitere Biere
(Original Budweiser, Tegernseer,
Trumer) vom Fass und eine große
Flaschenbier-Auswahl.

Wirtshaus im Brauhaus Gusswerk

CRAFT-BEER-URGESTEIN
ETWAS AUSSERHALB

BIERE:
Edelguss, Weizenguss, Gusswerk
Jakobsgold u. a.

A   Römerstraße 3
      5322 Hof bei Salzburg
T   +43 6229 39 777
W   www.brauhaus-gusswerk.at

Das Brauhaus Gusswerk produziert unter der Federführung von
Braumeister Reinhold Barta Bio-
Bier, das vielfach international
ausgezeichnet wurde. Beliebte
Sorten sind etwa Edelguss, Weizenguss oder Jakobsgold. Mitte
2019 erlebte auch das Wirtshaus
im Gusswerk seine Neueröffnung.
Nach Speis und Trank geht's zur
bierigen Heimausstattung in den
angeschlossenen Shop.

Restaurant Stieglkeller

Augustiner Bräu

Hofbräu
Kaltenhausen

KLASSISCHER BRAUGASTHOF
ETWAS AUSSERHALB

BIERE:
Kaltenhausener Original, Kellerbier,
1475 Pale Ale oder das Edition Gandolf
IPA u. a.

A   Salzburger Straße 67
     5400 Hallein
T   +43 624 580 233
W   www.kaltenhausen.at/braugasthof

Das Kaltenhausener Hofbräu
befindet sich auf historischem
Boden: Schon 1475 wurde hier
Bier gebraut. Heute genießt man
eine große Auswahl in den Brau-
gasthof-Stüberln, dazu gibt es
Jausen- oder Wirtshausklassiker.
Brauereiführungen, Bier-Kurse
und Biersommelier-Ausbildungen
vervollständigen das Angebot.

Augustiner Bräu
Kloster Mülln
Salzburg

BIERIGE INSTITUTION
GRÖSSTER BIERGARTEN

A   Lindhofstraße 7
T   +43 662 431 246
W   www.augustinerbier.at

Das Augustiner Bräu bietet einen
der größten Biergärten Österreichs, historische Trinkhallen,
einen Schmankerlgang mit
großem Jausenangebot und –
darum soll es ja eigentlich auch
gehen – wunderbar süffiges Bier,
das aus Holzfässern wahlweise
im steinernen Halbe- oder Maß-
Krug ausgeschenkt wird. Nicht
umsonst gehört das Augustiner
Bräu zu den wichtigsten kulinarischen To-dos der Stadt. Erlebt
haben sollte es jeder einmal.

Burdock Punch & Cocktails

Wein, Cocktails
und Bars

14

Auf ein Achterl, ein Pint oder einen Gin Tonic

Zum Anstoßen findet sich doch immer eine Gelegenheit: Das klassische Afterwork, der Geburtstag der Cousine, ein erfolgreicher Tag an der Uni, die gelungene Theatervorstellung, ein Treffen mit alten Freunden oder auch schlicht die Tatsache, dass der 14. Mai auf einen Mittwoch fällt – wer kreativ ist, findet Anlässe!

Wo man dieses Gläserklirren und Cocktailnippen, Weinverkosten und Whiskeygenießen in Salzburg am schönsten zelebrieren kann, verrät dieses Kapitel. Es enthält neben Weinlokalen, Vinotheken und Enotecas auch Pubs, Cocktailbars und zumindest einen Heurigen und schickt sich an, einen kleinen Überblick über die Salzburger Barszene in all ihren Ausprägungen zu geben. Diese umfasst sowohl die Jazzbar im Arbeiterviertel als auch die samtumschmeichelte Bar im Luxushotel und gibt sich daher je nach Geschmack flexibel.

Wer sich gerne einmal quer durchtrinken möchte, findet am Anfang des Kapitels eine kleine Beisl-Tour für verwöhnte Trinker, die in mehreren „Achterln" durch die Altstadt streift.

Dieser Spaziergang enthält einige meiner persönlichen Favoriten aus fünf verschiedenen Bar-Kategorien: eine klassische Vinothek, ein spanisches Weinlokal, eine Apero-Bar, eine Cocktailbar sowie ein Irish Pub. Wir spazieren von österreichischen Weinen zu göttlichen Roten, weiter zum italienischen Spritz und zur angewandten Mixolgie und beenden unseren „hochgeistigen" Abend im Irish Pub. In der Tour-Abfolge orientieren wir uns nicht nur an einer gewissen logischen Genussabfolge, sondern auch an der geografischen Lage und den Tagesöffnungszeiten der Lokale – alle unsere Stationen sind innerhalb von rund 15 Minuten Gehzeit erreichbar und liegen auf etwa 1 Kilometer Wegstrecke. Die Autorin weist an dieser Stelle jedwede Verantwortung von sich. Verkostung auf eigene Gefahr!

Anleitung zur gepflegten Lokaltour durch die Salzburger Altstadt

1

Ein Österreicher zum Anstoßen

Wir starten mit österreichischen Klassikern: Bei Karl-Heinz Robitschko in der Vinothek De Gustibus in der rechten Altstadt lässt es sich formidabel durch die österreichische Weinwelt lustwandeln. Die sympathische Vinothek spezialisiert sich auf Wein, ausgewählte Spirituosen und andere Köstlichkeiten von österreichischen Weingütern und Produzenten. Neben klassischen Weinen, Schaumweinen und Süßweinen stehen dabei auch Spezialitäten wie österreichischer Pet Nat zur Auswahl. Der Hausherr empfiehlt zielsicher.

Vinothek De Gustibus

A   Bergstraße 14
T   +43 662 276 151
W   www.degustibus.at

Vinothek de Gustibus

Divinotinto

Die göttlichen Spanier

Wir verlassen die Bergstraße und begeben uns auf die andere Seite der Salzach. Unterwegs empfängt uns die Salzburger Altstadt mit einer ihrer berühmtesten Ansichten. Wir begeben uns direkt hinein ins Geschehen und suchen den Franz-Josef-Kai auf, wo Mateo Ordoñez in seinem Divinotinto nicht nur göttliche Rotweine serviert. Die spanische Weinbar präsentiert eine beeindruckende Auswahl an Weinen von der Iberischen Halbinsel bei guter Beratung des Hausherrn. Dazu gibt es Tapas, die je nach Tagesangebot und Verfügbarkeit wechseln. Über Politik zu reden ist laut Aushang übrigens verboten, aber über Mateos Weinen findet man auch so genug Themen.

Divinotinto

A   Franz-Josef-Kai 13
T   +43 676 398 821 8
W   www.divinotinto.com

2

Divinotinto

Spritz mit Esprit

bollicine – aperitivo e bar

A   Getreidegasse 34
T   +43 664 241 631 1
W   Zu finden auf Facebook

SEPPO Caffè e Spumante

A   Getreidegasse 40
T   +43 676 950 878 3
W   Zu finden auf Facebook

Haben wir ausgetrunken, marschieren wir beschwingten Schritts weiter in die Altstadt hinein und betreten die Sternarkaden. In deren Mitte befinden sich mit dem bollicine und dem SEPPO zwei gute Anlaufstellen für Aperitifs und Schaumwein. Mit einem venezianischen Spritz schaffen wir so den logischen Übergang zwischen unserem kleinen Abstecher in die lokale Weinszene und der folgenden Cocktail-Seeligkeit. Denn das bollicine bietet eine veritable Auswahl an Mixgetränken. Wer sich lieber ein Glas Prosecco oder Franciacorta gönnt, ist mit dem SEPPO wunderbar beraten. Die jeweiligen Gastgärten im Stern-Innenhof sorgen für die passende Atmosphäre.

Mixologie mit Mentor

Sobald wir ausgetrunken haben, spazieren wir durch die Getreidegasse weiter zu unserer nächsten Station. Mit dem Mentor's in der Gstättengasse betreten wir eine von Salzburgs schickeren Cocktailbars. Hier begeben wir uns in die kompetenten Hände fesch gekleideter Mixologen und lassen uns Drinks nach persönlichem Gusto empfehlen – das ist teils auch notwendig, die Barkarte ist nämlich umfangreich. Wer sich einen Klassiker wünscht, erhält diesen auch meist, experimentierfreudigere Zeitgenossen wagen sich über die kreativeren Drinks des Hauses und lassen die Herrschaften hinter der Bar zeigen, was sie können.

4

Mentor's Bar

A Gstättengasse 3
T +43 664 913 381 0
W Zu finden auf Facebook

Mentor's Bar

Murphy's Law

Darf es noch ein letzter Drink sein?

5

Murphy's Law – Irish Pub

A Gstättengasse 33/1
T +43 662 842 882
W Zu finden auf Facebook

Tief hinein ins Salzburger Bermudadreieck führt uns die letzte Station unseres Bar-Spaziergangs. Hier, in der schluchtartigen Gstättengasse unterhalb des Mönchsbergs, befindet sich ein Urgestein unter den Pubs der Stadt. Das Murphy's Law ist wie seine Brüder und Schwestern jenseits des Ärmelkanals ein erweitertes Wohnzimmer für seine Gäste. Hier wird Guinness gezapft, Whiskey verkostet und an der Bar philosophiert. Wer mag, beschließt hier seinen Abend bei bester Pub-Atmosphäre.

IM GESPRÄCH MIT

WEINGENIESSER
RAFAEL PEIL UND NINA CORTI

NATURAL WINE DEALERS
@ ENOTECA SETTEMILA A.C.
SEITE 133

Rafael Peil und Nina Corti

Wein, seiner Zeit voraus

Sie glänzen golden, rubinrot, orangefarben, manchmal trüb, manchmal klar und immer ganz besonders im Glas: Naturweine bevölkern eine Nische in der Weinwelt, die sich auf die natürlichen Wurzeln der Weinherstellung besinnt und geschmacklich zu überraschen weiß. In Salzburg haben diese „Natural Wines" ganz besondere Fürsprecher: Nina Corti und Rafael Peil haben sich in ihrer Enoteca auf Naturweine spezialisiert und nehmen damit eine Vorreiterrolle in der lokalen Weinszene ein. Wie es die „Natural Wine Dealers" in die Salzburger Altstadt verschlagen hat und woher ihre Liebe zum natürlichen Wein kam, haben sie mir im Gespräch verraten.

C   Wie würdet ihr Naturwein jemandem beschreiben, der noch nie etwas davon gehört hat?

R   Die Idee hinter Naturwein ist eigentlich, Wein wie früher zu erzeugen. Weg von der Industrialisierung, zurück zum handwerklichen Produkt. Das beutetet: kein Maschineneinsatz bei der Lese oder im Keller und keine chemischen Zusätze in der Flasche. Der Gedanke dahinter ist, dass es die Hauptaufgabe des Winzers sein sollte, im Weingarten zu arbeiten und die bestmöglichen Trauben zu ernten. Der Wein im Keller soll hingegen in Ruhe gelassen werden, ohne mit geschmacksverändernden Enzymen, Hefe oder Holz zu arbeiten. Hier sollte das Arbeitsfeld der Natur sein, die den Wein ganz selbstständig vergärt.

C   Mit eurer Spezialisierung auf Naturweine seid ihr in Österreich ein ziemliches Unikat. Wie hat es euch ausgerechnet nach Salzburg verschlagen?

R   Als wir im Jahr 2013 beschlossen haben, unseren Betrieb zu eröffnen, war Naturwein in Österreich tatsächlich eine Randerscheinung. Aber uns war es ein Herzensthema, also haben wir es einfach riskiert. Sollte die Sache schiefgehen, hätten wir zumindest einen vollen Keller gehabt. Was den Ort angeht, sind wir klassische Wahlsalzburger: Kennengelernt haben wir uns in London, als wir beide im Four Seasons gearbeitet haben – Rafael als Sommelier, Nina als Hostess. Diese Zeit war sehr spannend, allerdings bietet London keine extrem hohe Lebensqualität. Genau die wollten wir aber haben, um ein gutes, etwas gemütlicheres Leben zu führen. In Salzburg haben wir genau das gefunden. Also haben wir unseren Businessplan in den Koffer gepackt und sind hergezogen.

C   Und euer Plan ist von Anfang an aufgegangen?

R   Fast! Die Suche nach einem geeigneten Lokal hat ganze acht Monate gedauert. Wir waren uns ursprünglich nicht sicher, ob eine Enoteca für Naturwein in Salzburg überhaupt funktionieren kann. Wir kannten den Markt nicht und wussten nur, dass die Salzburger oft ein wenig traditionell sind und Neuem eher skeptisch gegenüberstehen. Am Anfang hatten wir es schon ein wenig schwerer, aber es waren immer Gäste da und es hat sich relativ schnell herumgesprochen, dass es uns gibt. 2014 war schon ein sehr gutes Jahr für uns. Wir haben das Sortiment auch immer so aufgebaut, dass es zwar ausschließlich aus Naturweinen besteht, wir allerdings auch immer Einsteigerweine auf

der Karte haben, die sanft an das Thema heran-
führen. Es geht uns vor allem darum, Vielfalt
zu zeigen. Das geht von Weingütern, die nur
ein paar Hundert Flaschen pro Wein machen
und damit den Weltmarkt bedienen, bis hin zu
Produzenten wie dem Gut Oggau, das schon
sehr etabliert ist.

C   In der Gastronomie findet man auch mittlerweile vereinzelte Naturwein-Positionen auf den
Weinkarten.

R   Die Idee beginnt tatsächlich, Fuß zu fassen. Wir
beliefern teilweise auch die Gastronomie, etwa
in Niederösterreich oder Wien. Man muss dazu
sagen: Während es in London eigens Wein-Be-
auftragte gibt, die den Gästen Neues näherbrin-
gen, sind auf Österreichs Weinkarten meist die
immer gleichen zehn Winzer vertreten. Hier muss
ich die Gastronomie-Kollegen ein wenig in die
Pflicht nehmen: Es ist ihre Aufgabe, den Gästen
neue Impulse zu geben und zu überraschen.

RAFAELS UND NINAS TIPPS FÜR SALZBURG   ● Paradoxon für die momentan beste Küche und spannendste Weinauswahl (Seite 96)

● Coffeesmith für den besten Kaffee mit heller Röstung (Seite 63)

● Mexikanisches bei den Cabreras (Seite 54)

● Gutbürgerliche Küche im Gasthaus Hinterbrühl (Seite 88)

● Kaffee, Eis und Flammkuchen im Schweiger Deli (Seite 18)

Enoteca Venexia

ITALIENISCHE WEINE
VENEZIANISCHER APERITIF

A   Gstättengasse 9
T   0664 848 270 0
W   www.venexia.at

In der Enoteca Venexia gilt es venezianische cicchetti e ombre zu verkosten. Die in die Felsen des Mönchsbergs gehauene Bar bietet etwa friulanische Weine zu kleinen Häppchen und stillt so die Venedig-Sehnsüchte der Salzburger.

Burdock Punch & Cocktails

COCKTAILBAR | PUNCH ROOM

A   Schallmooser Hauptstraße 10a
W   www.burdock.at

Im Burdock spezialisiert man sich neben Cocktail-Kreationen auch auf Punsch nach britischem Vorbild – der bezieht sich namentlich auf die Zahl fünf in Sanskrit, besteht aus ebenso vielen Zutaten und lässt sich auf Gepflogenheiten der englischen Seefahrer zurückführen. Wie das schmeckt und was genau hinter jeder Tradition steckt, erklären die Burdock-Inhaber Tobias Pfeifer und Attila Szelhoffer im detailverliebt gestalteten Ambiente.

Wein & Co

BEWÄHRTE QUALITÄT
BEVORZUGTE LAGE

A   Platzl 2
T   +43 507 063 152
W   www.weinco.at/filiale/
    salzburg-platzl-9346

Mit einem Besuch im Wein & Co kann man im besten Sinne des Wortes nichts falsch machen: Die Salzburger Ausgabe der Bar-Kette für Weinliebhaber befindet sich in bester Lage am Platzl unterhalb der Linzer Gasse und verfügt über einen Gastgarten im Epizentrum des Altstadtlebens. Die Weinkarte ist wohlkuratiert und sehr fair bepreist, dazu gibt es kleine Gerichte und Barfood.

Natural Wine Dealers @ Enoteca Settemila a.C.

NATURWEINE | GEMÜTLICH

A   Bergstraße 9
T   +43 662 873 257
W   www.enotecasettemila.at

Wenn es beim Weinkonsum auch etwas spezieller zugehen darf, ist man bei den Natural Wine Dealers an der richtigen Adresse. Das Inhaber-Paar Nina Corti und Rafael Peil bietet in Altstadtlage ausschließlich Natural Wines und empfiehlt diese treffsicher. Dazu gibt es hochwertige Jausenbretter und eine große Auswahl an Flaschenweinen zum Mitnehmen. Wer tagsüber kommt, bleibt auf einen Kaffee.

The Salzburg Whiskey Museum

PUB | NICHT WIRKLICH EIN MUSEUM

A   Lederergasse 6
T   +43 660 666 626 1
W   www.salzburgwhiskeymuseum.com

Was hier als Museum betitelt wird, ist eigentlich ein Pub mit einem großen Herz für Whisk(e)y aus Irland, Schottland und Japan. Wenn es statt Whiskey lieber Gin oder Rum sein soll, steht eine fast ebenso große Auswahl zur Verfügung, dazu gibt es Bier vom Fass. Wer seine Whiskey-Kompetenz ausbauen möchte, bucht eine geführte Verkostung. Neben Whiskey-Sessions für Einsteiger bietet Inhaber Chris O'Shea etwa auch Kombi-Tastings mit Schokolade oder Käse an.

Burdoch Punch & Cocktails

The Jigger Bar

COCKTAILBAR | GEMÜTLICH

A   Schallmooser Hauptstraße 44
T   +43 660 444 549 4
W   www.thejigger.bar

Die Jigger Bar liegt in unmittelbarer Nähe des Rockhouse, der Salzburg Experimental Academy of Dance und des kleinen Theaters, entsprechend jung und kreativ ist das Publikum der gemütlichen Bar. Inhaber Mike Steinbacher setzt diesen Geist auch in seinen Drinks um: Die regelmäßig wechselnde und stark durchkonzipierte Karte bewegt sich fernab von Cocktail-Klassikern, stattdessen bietet der Maestro Kreatives bis Außergewöhnliches. Wer keine Lust auf Cocktails hat, wählt aus der Bier- oder Weinkarte.

Jazzit Bar

JAZZ-BAR | UNDERGROUNDIG

A   Elisabethstraße 11
T   +43 662 882 337
W   www.jazzit.at

Salzburgs bekannteste Jazzbar befindet sich in unmittelbarer Bahnhofsumgebung und ist an den Konzertsaal des Jazzit angegliedert. Das Publikum kommt aus allen Altersklassen und Gesellschaftsschichten, moderate Preise und Underground-Charme tragen zur lockeren Atmosphäre bei. Konzertveranstaltungen gibt es auch in der Bar regelmäßig, oft wabert Livemusik aus dem benachbarten Saal in die Bar. Im Sommer ist der Gastgarten ein beliebter Schattenspender.

K+K Tagesbar

SCHÖNSTES INTERIEUR
ALTSTADTFLAIR

A   Waagplatz 2
T   +43 662 842 156 0
W   www.kollerkoller.com

In der neuen Tagesbar des etablierten K+K am Waagplatz bleibt Innenarchitektur-Aficionados der Mund offen stehen: Architekt Stephan Ferenczy ist verantwortlich für den spektakulären Umbau der Bar mit gewölbebekleidenden, akustikoptimierenden Messing-mosaikplatten, die das Lokal zu einem der wohl schönsten der Altstadt machen. Das Angebot der Tagesbar umfasst neben Wein, Bier, Kaffee und Drinks auch kleine, sehr feine Gerichte, alles in bewährter K+K-Qualität.

K+K Tagesbar

Weinstöckl Stadtheuriger

SCHÖNER GASTGARTEN
HEURIGENJAUSE

A   Villagasse 3
T   +43 662 434 416
W   www.weinstoeckl.at

Ja, auch in Salzburg gibt es einen Heurigen: Im Maxglaner Weinstöckl sitzt man im schönen, urigen Gastgarten und kostet sich durch die österreichische Weinvielfalt, der Schwerpunkt liegt auf Weinbaugebieten in Niederösterreich. Dazu gibt es Heurigenspezialitäten vom Buffet.

Darwin's Cafe Bar

Darwin's Cafe Bar

COCKTAILBAR | BEVORZUGTE LAGE

A   Steingasse 1
W   www.darwins-salzburg.at

Zentraler geht's nicht: Im Gastgarten des Darwin's am Platzl unterhalb der Linzer Gasse wird häufig Kaffee geordert, ihr wahres Potenzial entfaltet die Bar jedoch erst im Cocktailshaker. Die Herrschaften hinter dem Tresen sind wahre Könner, ihre Kreationen kreativ und teils auf Basis hausgemachter Ingredienzien erdacht, wobei man in vielerlei Hinsicht auf Nachhaltigkeit achtet. Die Karte wechselt regelmäßig, eine Wiederkehr ist entsprechend empfehlenswert.

Academy Bar

HUB DER KREATIVSZENE
ERWEITERTES WOHNZIMMER

A   Franz-Josef-Straße 4
T   +43 662 875 797
W   www.academy-salzburg.at

Die Academy ist sowohl eine Werbeagentur als auch eine Bar – wobei Sie auf diesen Seiten wohl eher nach Zweiterem Ausschau halten. Hier trifft sich die Kreativszene zum Afterwork auf ein Glas Wein oder Bier, wobei die gemütlichen Couches vor dem Tresen den Abend auch schon einmal länger werden lassen. Zwischenzeitlich findet man sich für Veranstaltungen, Konzerte, Lesungen oder Vorträge ein, das aktuelle Zeitgeschehen wird regelmäßig per Schild am Eingang kommentiert. Fazit: lesenswert!

Sacher Bar

NOBEL IM SAMTFAUTEUIL
GUTE COCKTAILS

A   Schwarzstraße 5–7
T   +43 662 889 770
W   www.sacher.com

Wem der Sinn nach Noblesse und Champagner steht, sucht die Bar des Hotels Sacher auf. Hier nimmt man samtumgeben vor dem offenen Kamin Platz, lässt sich von exzellentem Service umsorgen und wählt aus der erlesenen Cocktailkarte. Im Sommer lässt sich das noble Interieur auch gegen einen Sonnenplatz auf der Terrasse tauschen.

Salz kammer gut

Eine Entdeckungsreise, die uns zu Hotspots der kulinarischen Tradition genauso wie zu ihrer modernen Interpretation führt. Streifen Sie durch exquisite Kaffeehäuser, kehren Sie ein in weit über Landesgrenzen hinaus bekannte Wirtshäuser und schlemmen Sie sich genussvoll durch Mehlspeisvitrinen.

136–179

Spritztouren zu
idyllischen Seen und
romantischen Städtchen

Es gibt einen guten Grund, warum wir den zweiten Teil unseres Genuss-Guides mit „Ausflügen ins Salzkammergut" schon im Vorhinein begrenzen. Schließlich ist das Salzkammergut ein so uralter wie wunderschöner, aber auch großer Kulturraum und die Seiten in diesem Buch sind – ach – so beschränkt.

Deswegen tun wir genau das, was auch viele Salzburg-BesucherInnen und Stadtbewohner gerne tun: Wir machen sprichwörtliche Ausflüge an die Seen und in die Berge, in die Städte und Dörfer, die die Region zwischen Attersee, Traunsee und Wolfgangsee beherbergt – natürlich mit der Kulinarik als Hauptmotiv.

Dabei umschiffen wir ganz elegant ein gewisses Definitionsproblem, denn: Wo genau die Grenzen des Salzkammerguts verlaufen, ist stets eine etwas strittige Frage. Meinen wir damit die historischen habsburgischen Besitztümer? Oder lehnen wir uns an die touristische Definition an, die das Salzkammergut in viel weiteren Grenzen denkt? Die Wahrheit liegt auf den kommenden Seiten irgendwo dazwischen.

Gemeinsam erkunden wir die Salzkammergut-Seen vom Fischerboot, der Liegewiese und vom Gastgarten aus, schlendern durch die Straßen und Gassen von Bad Ischl und Mondsee, lernen alte Mühlen und zeitgeistige Gourmet-Hotspots kennen und erschmecken Bestes von regionalen Produzenten. Wie immer mit grenzenlos subjektiver Auswahl, die trotzdem grenzenlos genüsslich ist.

Räucherfisch in der Erlachmühle

15

Mondsee

Von Mühlen, Most und Märchenwesen

STADT SALZBURG – MONDSEE
CA. 27 KM / 20 MIN.

Der Mondsee ist eine klassische Wahl, wenn es um einen „schnellen Rutscher" von Salzburg Stadt aus an die Salzkammergutseen geht. Eine kurze Autofahrt entfernt liegt das Gewässer an der sagenumwobenen Drachenwand, die ihren Namen einem Märchen-Ungetüm verdankt. Mit dem Mondseeland erkunden wir eine Gegend, die nicht nur als besonders erholsam, sondern auch als besonders fotogen bekannt ist. Cineasten erkennen den Hauptort Mondsee mit der imposanten Stiftskirche etwa aus „The Sound of Music" wieder – ein Grund, warum der Ortskern der kleinen Marktgemeinde oft von internationalen Touristenscharen heimgesucht wird. Doch lassen Sie sich von diesen nicht täuschen: Zwischen Mondsee, St. Lorenz und Loibichl entdeckt man klassische Salzkammergut-Gastlichkeit. So findet man vielerorts fangfrischen Fisch auf den Speisekarten, Mostschenken servieren Hausgemachtes zur Brettljause und eine Prise Haubengastronomie verführt auch Verwöhnte. Und wenn es dann noch einen Verdauungsspaziergang entlang der Seepromenade gibt, hat sich der „schnelle Rutscher" eindeutig ausgezahlt.

A   Vogelsangstraße 33
      5310 Mondsee
T   +43 623 257 8
W   www.erlachmuehle.at

Antonia Wieneroither

Die Erlachmühle im
Mondseer Helenental

Wenn man ein eine historische Mühle denkt, dann ist die Vorstellung im Kopf eine sehr romantische. Da klappert es am rauschenden Bach, die Vöglein singen und der alte Müllermeister geht gemächlich seinem Handwerk nach. Besucht man die alte Erlachmühle am Eingang zum Mondseer Helenental, erlebt man in dieser Hinsicht eine Überraschung. Die Vogelsangstraße, in der sie sich befindet, wird ihrem Namen zwar gerecht und auch das historische Mühlengebäude passt perfekt ins Märchenbuch. Die Müllermeisterin, die hier ans Werk geht, ist aber weder betagt noch gemächlich. Antonia Wieneroither ist 21 Jahre alt und tritt als jüngste Müllermeisterin Österreichs in die Fußstapfen einer Riege an Müllern, deren Spuren bis ins 15. Jahrhundert zurückreichen.

„Ursprünglich hab ich mir gedacht, ich kann mit Technik wenig anfangen. Doch wenn man sich erst einmal damit beschäftigt, ist es wirklich faszinierend." Antonia Wieneroither führt uns durch ihre Wirkungsstätte, vorbei an Mahlwerken, Säcken voller Mehl und Spreu und durch Gemäuer, die schon viele Müller vor ihr durchschritten haben.

Die alte Erlachmühle ist die letzte aktive Mühle des Mondseelands und gleichzeitig das Zuhause von Österreichs jüngster Müllermeisterin, dem Spross einer langgedienten Müllerdynastie. Dabei war es gar nicht ausgemacht, dass die junge Frau, die die Mühle aktuell in vierter Generation betreibt, in die Fußstapfen ihrer Familie tritt. Ursprünglich erlernte Antonia Wieneroither das Konditorhandwerk, ganz gediegen in der Backstube des Hotels Sacher, bevor sie sich entschied, die Familientradition fortzuführen.

Die Geschichte der Mühle selbst reicht allerdings noch weiter zurück als jene der Familie Wieneroither. Wir schreiben das Jahr 1416, als der erste Urbar die Mühle zu Priel erwähnt. Damals gehörte der heute als Erlachmühle bekannte Betrieb noch zum regionsbeherrschenden Kloster Mondsee, das die Geschicke der Mühle an der Zeller Ache über lange Zeit bestimmen sollte. Wollte man zu jener Zeit einen neuen Mahlgang einrichten, hatte der Abt ein Wörtchen mitzureden. Schon zu jener Zeit war es üblich, dass in Mühlen auch Brot gebacken wurde – aus wirtschaftlicher Notwendigkeit, schließlich wurde ein Müller anno 1500 nicht mit Geld, sondern mit Getreide entlohnt.

Ob die heute in der Erlachmühle stehenden Backöfen immer noch so aussehen wie im 16. oder 17. Jahrhundert? Fast bekommt man den Eindruck, wenn man sich das traditionelle Bäckerhandwerk erklären lässt, das hier immer noch ausgeübt wird. Das Roggenmehl wird vor Ort vermahlen, der Natursauerteig gärt ohne Hefezusatz und gebacken wird im 300 Grad heißen Holzofen, der manuell beheizt und beschossen wird. Verantwortlich dafür sind Vater und Sohn August Wieneroither, beide Bäckermeister traditionellen Zuschnitts.

Portrait

Was nach getaner Arbeit die Hände der beiden Bäcker verlässt, ist mehrfach ausgezeichnetes Holzofenbrot nach jahrhundertealter Rezeptur – rund 800 Kilo sind es täglich, die direkt vermarktet werden, an ausgewählte Gastronomiebetriebe oder Lebensmittelhändler gehen. Sogar per Post wird das Brot verschickt, als essbares Abo, wenn man so will.

Wo das hausgebackene Brot außerdem eingesetzt wird? Bereits seit 50 Jahren besteht die beliebte Jausenstation der Erlachmühle, in der gerade an schönen Sommertagen kaum ein Tisch zu ergattern ist. Dort kommen deftige Jausenplatten gemeinsam mit dem Natursauerteigbrot auf den Tisch und seit einiger Zeit auch vermehrt hausgeräucherter Fisch. „Wir merken, dass der Trend vom Fleisch weggeht. Unser Räucherfisch ist beliebter denn je", erzählt uns Wirtin und Mutter Maria-Antonia Wieneroither. Die Forellen und Saiblinge kommen frisch aus dem Mühlenbach, der Zeller Ache, werden von Sohn

Gerhard Wieneroither geräuchert und jeden Freitag einer wartenden Gästeschar aufgetischt. Fast schon biblisch ist der Genuss von Brot und Fisch in der sanften Hügellandschaft des Mondseelandes. Doch auch wer sich anschließend noch versündigen will, ist in der Erlachmühle gut aufgehoben. Antonia Wieneroither hat ihr gediegenes Zuckerbäckerhandwerk schließlich trotz Müllerspflichten nicht aufgegeben. Die üppige Kuchenvitrine ist Beweis genug.

EIN KLEINER INSIDER-TIPP:
Wer sich den Bauch vollgeschlagen hat, kann in einer der Ferienwohnungen und Zimmer der Mühle standesgemäß übernachten. Geöffnet vom 1. Mai bis 30. September.

Erlachmühle

ANTONIAS TIPPS IN UND UM SALZBURG
- Restaurant Tauris am Mondsee für Steaks & More (Seite 146)
- Ludwig in der Salzburger Altstadt für sehr gute Burger (Seite 19)
- Schlossbräu Mondsee für traditionelle Küche, Wredeplatz 1, 5310 Mondsee, www.schlossmondsee.at/schlossbraeu

Iris Porsche Hotel & Restaurant

HIGH END | DESIGNHOTEL
MONDSEE

A   Marktplatz 1
    5310 Mondsee
T   +43 623 222 37
W   www.irisporsche.at

In Bestlage am Mondseer Marktplatz reüssiert mit dem Restaurant Iris Porsche ein Haubenbetrieb mitten im Epizentrum des Gästeansturms. Die Karte des Restaurants überzeugt mit Schätzen aus regionaler Landwirtschaft, die in der Zubereitung Internationalität erschmecken lassen. Ein Schwerpunkt des Hauses ist Steak, aber auch Vegetarier kommen dank der ausgefeilten Küche auf ihre Kosten. Wer gerne ausgiebig und hochwertig frühstückt, ist hier ebenfalls richtig.

Restaurant Maninseo im Seehof

GOURMETKÜCHE
IDYLLISCHER GARTEN | LOIBICHL

A   Auhof 1
    5311 Loibichl
T   +43 623 250 31
W   www.restaurant.seehof-mondsee.com

Schöner als in den Gartenanlagen des Maninseo kann man am Mondsee kaum sitzen – dabei wäre die von Gourmet-führern prämierte Küche des Hauses auch ohne der idyllischen Lage einen Besuch wert: Traditionell österreichisch in der Ausrichtung, international inspiriert und exzellent in der Umsetzung bringt sie Weitblick und Kreativität an den Gaumen. Frischer Fisch, gut bestückter Weinkeller.

Gasthof Drachenwand

GEMÜTLICH
MALERISCHE LAGE

A   St. Lorenz 46
    5310 Mondsee
T   +43 623 233 56
W   www.drachenwand.at

Die Drachenwand ist die spektakuläre, fast 700 Meter hohe Steilwand am Ufer des Mondsees, die für das Panorama so bestimmend ist. Der gleichnamige Gasthof der Familie Eder versüßt dieses mit klassisch guter Gasthof-Küche und unter Verwendung regionaler Produktschätze. In gemütlichem Ambiente genießt man so beste Gastlichkeit und charmanten Service. Idyllischer Gastgarten.

Iris Porsche Hotel & Restaurant

Streats Kitchen & Bar

ZEITGEISTIG | ETWAS AUSSERHALB
MONDSEE

A   Walter-Simmer-Straße 11c
    5310 Mondsee
T   +43 623 231 814
W   www.streats.at

Streats Kitchen & Bar bringt internationale Streetfood-Szene an den Mondsee. Das außerhalb des Ortskerns gelegene Lokal präsentiert sich im hippen Urban-Chic und serviert Gourmet-Streetfood von Burger bis Nachos. Ikonisch sind die „Loaded Fries", mit diversen Toppings (Pulled Pork, Chili con Carne, Shakshuka) bekrönte Pommes frites. Idealerweise wird all dies an den großen Tischen in geselliger Runde geteilt. Ergänzt wird das Speisenangebot durch eine gut sortierte Bar mit Cocktailangebot.

Gasthof See

WUNDERSCHÖNE LAGE
GUTBÜRGERLICHE KÜCHE
UNTERACH AM ATTERSEE

A   See am Mondsee 1
    4866 Unterach am Attersee
T   +43 664 303 515 1
W   www.gasthof-see.at

Man kann darüber streiten, ob der Gasthof See dem Mond- oder dem Attersee zuzuordnen ist, schließlich liegt der idyllische Gasthof ziemlich genau dazwischen. Was dabei herauskommt, ist eine einzigartig pittoreske Lage, die sich am besten im sommerlichen Gastgarten genießen lässt. Der Gasthof widmet sich seiner außergewöhnlichen Lage auch im Rahmen seiner Speisekarte: Saibling aus Mondsee und Attersee, Reinanke, Hecht, Zander oder Seeforelle bringen die Seen auf den Teller. Bratl in der Rein, Blunzentascherl oder gebackener Kalbskopf widmen sich den fleischlichen Gelüsten.

Restaurant Seehotel Lackner

GEHOBEN | VERFEINERT | MONDSEE

A   Mondseestraße 1
    5310 Mondsee
T   +43 623 223 590
W   www.seehotel-lackner.at

Gourmetküche am Wasser bietet Haubenkoch Martin Lackner im Seehotel. Die hier angebotenen Menüs verarbeiten die ausgezeichneten Produkte der Region in lokal verwurzelte, aber auch international inspirierte Gerichte auf hohem Niveau, die nicht nur Gourmets begeistern. Dazu bietet man eine besonders umfangreiche, gepflegte Weinkarte und schönes Seepanorama.

Tauris Steaks & More

FLEISCHLICHE GELÜSTE
STEAKS UND MEHR | MONDSEE

A   Herzog-Odilo-Straße 15
    5310 Mondsee
T   +43 623 222 431
W   www.tauris-restaurant.at

Wer Fleischeslust verspürt, sucht am Mondsee das Tauris Steaks & More auf. Perfekt gebratene, zarte Steaks vom regionalen Metzger verlassen die Küche zu einem bunten Bouquet an Beilagen, Saucen und Dips, die sich beliebig kombinieren lassen. Wer keine Lust auf Steak hat, wählt aus diversen Salaten und Hauptgerichten. Charmanter Service, modernes Ambiente.

Mondsee

Mondsee

Genussbegleiter

Sommer-Idylle im Salzkammergut

Attersee

16

Fisch, Bier und türkisblaues Wasser

STADT SALZBURG – ATTERSEE
CA. 52 KM / 34 MIN.

Bevor ich in dieses Kapitel einsteige, muss ich anmerken, in Attersee-Dingen wohl ein wenig befangen zu sein. Schließlich bin ich am Attersee aufgewachsen, kenne ihn unter den Salzkammergut-Seen mit Abstand am besten und hab ihn aus nostalgischen Gründen am liebsten.

Nirgendwo sonst ist das Wasser klarer und türkisblauer, nirgendwo sonst das Sommergefühl entspannter als an den Ufern von Steinbach, Seewalchen, Nussdorf oder Attersee am Attersee. Kulinarisch gibt sich mein Heimatsee dabei abwechslungsreich. Craft-Beer-Liebhaber kommen hier besonders intensiv auf ihre Kosten, Mostschenken machen Sommerabende genüsslich und der berühmte Attersee-Saibling ist nirgendwo frischer als in den hiesigen Fischlokalen. Wie Reinanke und Co aus den Fluten auf den Teller kommen, soll in diesem Kapitel ebenso eine Rolle spielen wie eine Schatzsuche nach den besten Orten, um den Tagesfang zu verspeisen. Ob es dabei ein rustikaler Steckerlfisch werden soll oder doch lieber exquisites Attersee-Sushi, ist ganz Ihnen überlassen. Tun Sie mir lediglich den Gefallen, bestes Wetter für Ihre Genuss-Expedition auszusuchen, denn nur dann schimmert der Attersee so türkis, dass man sich beinahe an der Südsee wähnt. Das ist ein Anblick, den man so schnell nicht mehr vergisst.

Ein Lokalaugenschein in der Fischer-Plätte

Vom Netz auf den Teller

Vater Hans und Sohn Johannes Eichhorn sind gemeinsam mit
Mutter Elisabeth die aktuellen Inhaber des Fischerhauses in
der Ortschaft Attersee, auf dem bereits seit Generationen ein
Fischereirecht verbürgt ist. Reinanke, Saibling, Forelle und
Schleie landen dabei in den Netzen, die zwischen den Ortsteilen
Neustift und Buchberg ausgeworfen werden, allesamt sind sie
begehrte Wildfang-Spezialitäten. Die Fischerei Eichhorn ist
einer der letzten Berufsfischereibetriebe am Attersee.

Sie schaukelt beim Einsteigen sanft und pflügt
dann umso entschlossener durch die Fluten: Die
Fischer-Plätte der Familie Eichhorn kennt das Wasser des Attersees wohl ebenso gut wie ihre Besitzer.
Insgesamt sechs Schwebenetze holt das Vater-
Sohn-Gespann Hans und Johannes täglich ein.
Wo die einzelnen Fischarten am besten zu fangen
sind, diktiert die Erfahrung, die Vertrautheit mit
dem See. Die Fischerei Eichhorn ist schließlich ein
Generationenbetrieb, Wissen um das Fischerei-
handwerk wird innerhalb der Familie weitervererbt.
Mit routinierten Handgriffen werden die Netze ein-
geholt, sorgsam überprüft und die in den Maschen
verfangenen Fische geerntet. Eine Handvoll Fische
findet so ihr jähes Ende mit einem schnellen Schlag
gegen die Reling. Vier große Reinanken und zehn
kleine Saiblinge sind die Ausbeute des Tages. Eine
Aalrutte verirrt sich als Beifang ins Netz, ihre Leber
gilt als Delikatesse. Der Tagesfang ist heute kleiner,
erfahrungsgemäß nichts Ungewöhnliches für eine
Vollmondnacht.

Etwa 15 von 60 Fischereiberechtigten üben heute
noch aktiv den Fischfang aus. Um einer Überfischung
vorzubeugen, sollte der Ausfang am Attersee immer
nur im Nebenerwerb praktiziert werden, erklärt man
uns. Der Fischerei Eichhorn reicht der Ertrag für
den Eigenbedarf. Was übrig bleibt, wird frisch oder
geräuchert an Fisch-Liebhaber verkauft oder landet
auf den Tellern ausgewählter Restaurants.

Für Hans Eichhorn war die Fischerei stets nur ein
Teil seines Schaffens. Als Schriftsteller verewigt er
den See, seine Jahreszeiten, seine Alltagsbeobach-
tungen in Lyrik und Prosa, oft destilliert in Haiku-
artigen Wortgespinsten.

Ein paar Wochen nach unserem Treffen soll das neu-
este Buch des Landeskulturpreisträgers erscheinen.
Sohn Johannes findet seine berufliche Ergänzung
anderweitig: Während die Fischernetze des Familien-
betriebs sukzessive in seine Hände übergehen, ist er
auch angehender Volksschullehrer.

Hans und Johannes Eichhorn

JOHANNES' TIPPS RUND UM DEN ATTERSEE • Mostschenke zum Hoangarten (Seite 152)

• Terrassencafé Koberger Waldweg 17, 4864 Attersee,
www.terrassencafe-koberger.com, +43 664 255 5964

Restaurant DAS BRÄU im Hotel Aichinger

GEDIEGEN | GUTBÜRGERLICH
NUSSDORF AM ATTERSEE

A   Am Anger 1
     4865 Nussdorf am Attersee
T   +43 766 680 07
W   www.hotel-aichinger.at

Das Restaurant DAS BRÄU ist als Teil des Hotels Aichinger eine der ersten Adressen für gediegene, klassische Küche, die über den Tellerrand blickt. Die Karte bietet sowohl Klassiker der österreichischen Kulinarik als auch wechselnde, saisonale Empfehlungen. Mit Zutaten aus der Region und langjähriger gastronomischer Tradition im Rücken kochte sich das Restaurant-Team so in die Empfehlungslisten diverser Gourmet-Führer. Im Sommer lockt der schattige Gastgarten mit altem Baumbestand.

Bierschmiede

CRAFT BRAUEREI | PREISGEKRÖNT
STEINBACH AM ATTERSEE

A   Seefeld 56
     4853 Steinbach am Attersee
T   +43 664 548 632 1
W   www.bierschmiede.at

Mario Scheckenbergers Groß-vater war einst der Steinbacher Dorfschmied, der Enkel trägt diese Familientradition weiter – wenn auch in einer anderen Handwerks-zunft. Als Bierschmied hämmert er den Geschmack in seine mehrfach preisgekrönten Craft-Biere, die sich mit den Sortenbezeichnun-gen „Amboss", „Rotglut", „Zunder", „Hammer" oder „Funkenflug" auf die familiäre Schmiedetradition beziehen. Das Bierschmiede-Pils mit Namen „Meisterstück" ist etwa hoch prämiert. Die Bierschmiede im Ortsteil Seefeld birgt neben dem „Gschäftl", in dem sich Bier-freunde flaschenweise eindecken, auch die „Braustub'n", in der die Schmiede-Biere zur Jause ver-kostet werden können.

Mostschenke zum Hoangarten & Brauerei Kaltenböck

URIG | HAUSGEBRAUTES BIER
ATTERSEE AM ATTERSEE

A   Palmsdorf 17
     4864 Attersee
T   +43 766 670 03
W   www.hoangarten.at/mostschenke

Die Mostschenke zum Hoan-garten in Attersee am Attersee gleicht einem Heimatmuseum: Die urigen Stuben mit Kachel-ofen und Bauernmöbeln sind detailverliebt ausgestattet, der Gastgarten vor dem historischen Bauernhaus mit altem Baum-bestand bestückt. Die haus-gebrauten, empfehlenswerten Biere der Brauerei Kaltenböck können direkt in der Mostschen-ke verkostet werden. Most und Jause basieren auf Produkten aus eigener Erzeugung.

Bierschmiede

Die Röhre

Die Röhre

JUNG | KOSMOPOLITISCH
UNTERACH AM ATTERSEE

A   Eichenweg 1
    4866 Unterach am Attersee
T   +43 664 133 986 4
W   www.dieroehre.com

Wie die Röhre zu ihrem Namen kommt, ist leicht erklärt: Das bunte Fusion-Restaurant an der Umfahrungsstraße von Unterach am Attersee ist in einem architektonisch ansprechenden, röhrenförmigen Holzgebäude untergebracht und serviert kosmopolitische Kreationen mit Einflüssen von Hawaii bis Tokio. Die Speisekarte zu enträtseln kommt dabei der Lektüre eines Comics gleich – sie ist mindestens so bunt und umfangreich. Das hier servierte Frühstück ist legendär. Unbedingt reservieren!

Steckerlfisch Tomi

FISCH VOM GRILL | IMBISS-STATION
SEEWALCHEN AM ATTERSEE

A   Moos 14
    4863 Seewalchen am Attersee
T   +43 664 538 577 7
W   steckerlfisch-tomi.business.site

Wer auf dem Weg von Litzlberg nach Seewalchen am Attersee von großen Holzschildern zum Fischkauf animiert wird, hat Tomi aus Tirol gefunden. Dieser betreibt die lässige Anlaufstelle für „Steckerlfisch", also am Stock gegrillten Fisch, der hier direkt vor den Augen der wartenden Gäste zubereitet wird. Dazu gibt es Salat und Brot, im Winter ist zu.

Ristorante „Fischer Sepp" da Michele

AUSTRO-ITALIENISCH | FRISCHER
FISCH | SEEWALCHEN AM ATTERSEE

A Moos 14
  4863 Seewalchen am Attersee
T +43 660 683 724 4
W www.fischer-sepp.at

Wenn ein alteingesessener Traditionsbetrieb auf mediterrane Art und Weise wachgeküsst wird, kann Wunderbares entstehen: 2014 wurde dem altehrwürdigen „Fischer Sepp" in Seewalchen am Attersee neues Leben italienischer Ausprägung eingehaucht. Hier trifft gekonnte Zubereitung auf frischen Fisch und italienisches Lebensgefühl. Die große Seeterrasse macht es möglich, all dies direkt über den Attersee-Wellen zu genießen.

Restaurant Föttinger

INSPIRIERT KLASSISCH | FAMILIÄR
STEINBACH AM ATTERSEE

A Seefeld 14
  4853 Steinbach am Attersee
T +43 766 381 00
W www.hotel-attersee.at

Das Restaurant des Hotels Föttinger gibt sich auf den ersten Blick klassisch und sympathisch gutbürgerlich, öffnet man die Speisekarte, überrascht diese immer wieder mit kulinarischem Weitblick. Dort entdeckt man Fixstarter der traditionell österreichischen Küche ebenso wie saisonale Spezialitäten oder fangfrischen Attersee-Fisch – wobei sich das Menü regelmäßig ändert und dabei stets überzeugt. Kulturinteressierte sollten nach einem Juwel am angeschlossenen Campingplatz fragen: Auf dessen Gelände liegt Gustav Mahlers Komponierhäuschen, das nach Voranmeldung besichtigt werden kann.

Restaurant Föttinger

Restaurant Langostinos

GEDIEGEN | FÜR FISCH-FREUNDE
SCHÖRFLING AM ATTERSEE

A Bahnhofstraße 4
  4861 Schörfling am Attersee
T +43 7662 290 50
W www.langostinos.at

Direkt in der Marina von Kammer gelegen serviert das Restaurant Langostinos frischen Fisch und Krustentiere mit Hauben-Klasse. Wer sich dazu einen feinen Tropfen aus der wohlsortierten Weinkarte gönnt und die auf den Wellen schaukelnden Segelboote beobachtet, genießt Urlaubsfeeling pur. Fischverweigerer finden auch fleischliche Genüsse auf der Karte.

Litzlberger Keller

TRADITIONELL | FÜR KUNSTFREUNDE
SEEWALCHEN AM ATTERSEE

A Moos 8
  4863 Seewalchen am Attersee
T +43 7662 231 2
W www.litzlbergerkeller.at

Der Litzlberger Keller liegt idyllisch in einer Attersee-Bucht kurz vor dem Ortsanfang von Seewalchen am Attersee und serviert traditionelle, österreichische Küche auf hohem handwerklichen Niveau. Die Stuben sind gediegen und gemütlich, die Terrasse bietet besten Seeblick. Kulturbeflissene erkennen den Litzlberger Keller aus der Kunstwelt: Gustav Klimt verewigte das pittoreske Gebäude 1915 auf einem seiner Gemälde.

Tostmanns Bandlkramerey

FRÜHSTÜCK, MITTAGSTISCH, KAFFEE
SEEWALCHEN AM ATTERSEE

A   Hauptstraße 4
    4863 Seewalchen am Attersee
T   +43 766 223 044 0
W   www.tostmann.at/cafe-
    bandlkramerey

Tostmann Trachten fertigt seit Jahrzehnten die vielleicht schönsten Dirndlkleider Österreichs, seit 2015 betreibt die Familie Tostmann unweit der Trachtenschneiderei auch ein Café, in das man diese stilsicher ausführen kann. Die historische Bandlkramerey wurde sorgsam renoviert und überzeugt nun mit ländlich-natürlicher Kaffeehausatmosphäre. Das Frühstück des Hauses ist weithin bekannt, zudem serviert man wechselnde Mittagsgerichte mit Bio-Bewusstsein und Vegetarierfreundlichkeit. Im Sommer lockt der idyllische Garten, Kinder begeistert das Spielzimmer.

Tostmanns Bandlkramerey

Blick auf Schloss Kammer in Schörfling

1er Beisl im Lexenhof

ENTSPANNT | VERFEINERT
NUSSDORF AM ATTERSEE

A   Am Anger 4
      4865 Nussdorf am Attersee
T   +43 766 680 000
W   www.lexenhof.at/restaurant

Was hier so bescheiden
„Beisl" heißt, ist eigentlich ein
Restaurant mit eleganter Küche,
das sich dabei entspannt und
sympathisch gibt. Im 1er Beisl
im Lexenhof kommt inspirierte,
kreativ präsentierte Kost auf
die Tische der gemütlichen
Stube oder des lauschigen
Gastgartens, die Karte zeigt sich
meist klein und fein kuratiert.
Was die Küche von Hans
Lugstein verlässt, schmeckt
auch diversen Gourmet-Führern.
Reservieren!

Restaurant-Pension Bachtaverne

GUTBÜRGERLICH | HEIMELIG
WEYREGG AM ATTERSEE

A   Bach 24
      4852 Weyregg am Attersee
T   +43 766 420 753
W   www.attersee.bachtaverne.at

In der Weyregger Bachtaverne
gibt's klassische Wirtshausküche in gemütlichem Ambiente.
An den handbemalten Tischen
der Stube genießt man typisch
österreichische Küche, saisonal
zählen Wildgerichte von Reh,
Hirsch oder Wildschwein zu den
Spezialitäten des Hauses. Wer
es modern liebt, nimmt in der
geradlinig gestalteten Lounge
Platz, im Sommer lockt der Gastgarten. Außerdem beherbergt
die Bachtaverne Gästezimmer
und eine Tauchbasis für all jene,
die mit der Fischwelt des Attersees auf Tuchfühlung gehen
wollen.

Gasthaus Wachtberg

PANORAMA-WIRT | GUTBÜRGERLICH
WEYREGG AM ATTERSEE

A   Wachtbergstraße 79
      4852 Weyregg am Attersee
T   +43 076 642 633
W   www.wachtberg.at

Schöner wird's wohl nimmer –
zumindest, was den Panoramablick auf den Attersee angeht.
Im Gasthaus Wachtberg lässt
sich dieser mit regionaler Küche
verbinden, die viel Wert auf
hochwertige Produkte aus der
Gegend legt. Der Familienbetrieb
bietet freundlichen Service,
die Speisekarte verfeinerte
österreichische Küche mit
Ausflügen ins Mediterrane –
und habe ich die Aussicht schon
erwähnt?

TV-romantisch: Seeschloss Ort

Traunsee

17

Gepflegt schlemmen am glücklichen See

STADT SALZBURG — TRAUNSEE
CA. 82 KM / 55 MIN.

Wenn ich einen der Salzkammergut-Seen für ein Gourmet-Wochenende empfehlen müsste, dann würde meine Wahl wohl auf den Traunsee fallen. Nicht nur finden Freunde und Freundinnen des gepflegten Dinierens eines der besten Restaurants Österreichs an seinen Ufern, auch außerhalb von Küche und Keller des „Bootshaus" finden Gourmets und Gourmands den einen oder anderen Schatz.

So speist man am Traunsee in einem der besten Wirtshäuser weit und breit, das eindrücklich beweist, wie sinnreich und geschmackvoll ein Wirtshaus im 21. Jahrhundert aussehen kann. Oder man genießt unverfälscht frischen Steckerlfisch am Seeufer mit dem abendleuchtenden Traunstein im Hintergrund.

Das klingt fast kitschig? Ist es auch, und zwar auf die beste Art und Weise. Wem das nicht reicht, der wagt sich hinein in die Berg- und Seenwelt, erobert Mostheurige oder ausgezeichnete Almwirtschaften und stattet dem fernseherprobten Seeschloss Ort einen Besuch ab.

Auf der genießerischen To-do-List steht außerdem ein Besuch in der Gmundner Keramikmanufaktur, die traditionelle Tafelkultur im ikonisch grüngeflammten Design präsentiert – und ein üppiges Stück Gmundner Torte, die der noch berühmteren Linzer Torte um nichts nachsteht. Der anschließende Spaziergang entlang der Flaniermeile Esplanade ist übrigens ebenso verpflichtend.

Wenn man den alten Römern Glauben schenkt, muss man
am Traunsee besonders glücklich werden. Schließlich nannten
sie das Gewässer zu Füßen des Traunsteins „Lacus Felix",
glücklicher See. Wie glücklich der Traunsee gerade Genießer
machen kann, wird im Frühling klar: Anfang des Jahres steigt
hier das FELIX – das Wirtshausfestival am Traunsee, es lotet aus,
wie Wirtshauskultur in Gegenwart und Zukunft aussehen kann.

Wirtshaus Poststube 1327

Tu Lacus Felix   160

Restaurant Bootshaus

Wirtshaus Poststube 1327

FÜR GOURMETS | BESTE ADRESSE

A	Klosterplatz 4
	4801 Traunkirchen
T	+43 7617 2216
W	www.dastraunsee.at/kulinarik/
	restaurant-bootshaus

GEDIEGEN | WIRTSHAUSKÜCHE

A	Ortsplatz 5
	4801 Traunkirchen
T	+43 761 723 07
W	www.hotel-post-traunkirchen.at/
	kulinarik/wirtshaus-poststube-1327

Die Poststube 1327 trägt nicht zufällig eine Jahreszahl im Namen. Sie gibt die erste urkundliche Erwähnung der ehemaligen Hoftaverne des Traunkirchener Klosters an und verweist damit auf eine Zeit, als der Ort noch ein bedeutendes geistliches Zentrum des Salzkammerguts war.

Eine lange Geschichte ist es also, auf die der kleine Ort am westlichen Traunseeufer mitsamt der hiesigen Gastronomie zurückblickt – und die einen reichen Nährboden für die Gegenwart bietet. In den historischen Gastzimmern der Poststube wird eindrücklich vorgeführt, wie man beides, Vergangenheit und Gegenwart, vereint. Hier trifft alte Bausubstanz auf zeitgemäßes Design, griffige Naturmaterialien und antike Versatzstücke und so ergibt sich ein stimmiges Ganzes, in dem man sich wohl auch dann gerne aufhielte, wenn die regional verwurzelte Küche nicht so fantastisch wäre. Wer den Traunsee schon einmal kulinarisch vermessen hat, wird nämlich wissen, dass die Poststube 1327 nicht nur zu den besten Wirtshäusern Österreichs zählt, sondern sich auch unmittelbar neben einem der besten Restaurants des Landes befindet – mit dem sie eine wichtige Person gemeinsam hat. Die Poststube teilt sich mit dem vielfach prämierten Restaurant Bootshaus nicht nur den pittoresken Ort, sondern auch den hochdekorierten Küchenchef: Lukas Nagl gestaltet die Küchenlinie der Poststube mit, seine Hauptwirkungsstätte befindet sich aber im nur wenige Meter entfernten Feinschmeckerlokal.

Geradlinig und edel, dabei aber erfreulich entspannt, empfängt das Restaurant Bootshaus seine

Gäste und serviert ihnen beim Wellenkino vor den Panoramafenstern hochwertige regionale Rohstoffe in unverfälschter und dabei umso intensiverer Zubereitungsart. Fisch aus dem Traunsee, Bio-Lamm von regionalen Produzenten oder saisonales Gemüse, das im Stellenwert Fleisch und Fisch ebenbürtig ist, münden in reduzierte, dabei umso aromatischere Ensembles, die Wildkräuter ebenso einflechten wie Anleihen aus exotischeren Küchen.

Wie sich nun das eingangs erwähnte Wirtshausfestival in dieses Panorama fügt? Beide Häuser sind Mit-Austragungsorte des von der Hoteliersfamilie Gröller initiierten vierwöchigen Wirtshausfestivals FELIX, das es sich zur Mission gemacht hat, die regionale Wirtshauskultur im 21. Jahrhundert zu verorten. Es spannt dabei einen großen Bogen von der gutbürgerlichen Küche zur Spitzengastronomie, feiert lokale Produzenten ebenso wie internationale Gastköche und zeichnet mit Pop-up-Gastronomie, Genussmärkten, Themenabenden und Schlemmerfesten ein buntes Bild dessen, was die Traunsee-Gastronomie so alles kann und zu erdenken weiß. Und trägt dabei so manchen historischen Schatz in die kulinarische Gegenwart.

TIPP:
Sämtliche Informationen zu FELIX –
das Wirtshausfestival am Traunsee finden
Sie unter www.wirtshausfestival.at.

Spies Weinstube

Spies Weinstube

GEMÜTLICH HAUSMANNSKOST
GMUNDEN

A   Kirchengasse 3
    4810 Gmunden
T   +43 761 267 770
W   www.spies-weinstube.at

Traditionell gemütlich präsentiert
sich die Weinstube Spies in
der Gmundner Altstadt. Die
Karte ist meist klein, aber
fein und bietet schnörkellos
Gutbürgerliches aus regionalen
Zutaten. Genossen werden
Schnitzel, Traunsee-Fisch und
Co in heimeligem Ambiente
mit Kachelofen und Kerzen,
die Weinkarte ist groß. Zum
Nachtisch gibt es einen
Spaziergang entlang der
Esplanade, die ist nämlich nur
einen Steinwurf entfernt.

Fischerei Trawöger-Dorfner

FRISCHER FISCH VOM GRILL
EINFACH AM BESTEN
ALTMÜNSTER AM TRAUNSEE

A   Fischerweg 21
    4814 Altmünster am Traunsee
T   +43 699 123 818 57
W   Zu finden auf Facebook

Was hier am Teller landet zeigt,
dass das Einfache oft das
Köstlichste ist. In der ikonischen
Fischbraterei am Altmünsterer
Traunseeufer wandert frischer
Fisch im Ganzen auf den Grill,
dazu gibt es schlichtes Brot,
kühle Getränke und herrliches
Seepanorama mit Bergwelt im
Hintergrund: Wunderbar!

Orther Stub'n

GEPFLEGT
IM SEESCHLOSS, GMUNDEN

A   Ort 1
    4810 Gmunden
T   +43 761 262 499
W   www.schlossorth-gmunden.at

Das Seeschloss Ort kennen
Sie vielleicht aus der deutsch-
österreichischen Fernsehserie,
die es als „Schlosshotel Orth"
berühmt gemacht hat. Anders
als auf dem Bildschirm beherbergt das historische Gemäuer
allerdings keinen Nächtigungs-
betrieb, wohl aber ein gepflegtes
Restaurant. In der Orther Stub'n
lässt sich zumindest für ein
paar Stunden Schlossherrschaft
spielen, die Karte bietet dazu
Klassiker der österreichischen
Küche mit verfeinerter Zubereitung. Das Ambiente: zauberhaft.

Almgasthof Windlegern

SCHÖNE LAGE | GUTE KÜCHE
ALTMÜNSTER AM TRAUNSEE

A   Kollmannsberg 122
     4814 Altmünster am Traunsee
T   +43 761 728 44
W   www.windlegern.at

Dieser Almgasthof ist jeden Umweg wert: Das junge Team rund um Julia Grashäftl und David Sitz pflegt herzliche Gastfreundschaft mit bodenständiger Küche auf handwerklich hohem Niveau. Das Rindfleisch stammt aus hauseigener Galloway-Zucht, das Wild aus lokalen Jägereien, die Getränkebegleitung ist dank der internationalen Sommelier-Expertise der Chefleute mehr als stimmig. Wer sich in die Almatmosphäre so verliebt, dass er gar nicht mehr heimfahren mag, bucht ein Zimmer.

Mostschenke im Heustadl

URIG | MEHR ALS JAUSE
EBENSEE AM TRAUNSEE

A   Almhausstraße 28
     4802 Ebensee am Traunsee
T   +43 650 386 992 5
W   www.moststadl.com

Ein pittoresker Gastgarten, gemütliche Stuben und altes Holz: Idyllischer als in der Mostschenke im Heustadl wird es kaum. Hier kommt deftige Jause ebenso auf den Tisch wie bodenständige Wirtshausküche (ausgelöstes Backhendl, Bratl in der Rein, Pofesen), angestoßen wird klassischerweise mit Most. Wer mag, deckt sich im angeschlossenen Hofladen mit allerlei Feinem für zuhause ein.

Café Konditorei Grellinger

TRADITIONSREICH
GMUNDNER TORTE | GMUNDEN

A   Franz-Josef-Platz 6
     4810 Gmunden
T   +43 761 264 153
W   www.konditorei-grellinger.at

Haben Sie schon einmal Gmundner Torte verkostet? Sollten Sie dies bisher versäumt haben, gilt es, sich beim Grellinger einzufinden. Die traditionsreiche Konditorei (seit 1878) bietet klassische Konditorware von Cremeschnitte bis Apfelstrudel, berühmt sind die hier gefertigten Törtchen, Pralinen und Trüffel ebenso wie die eingangs erwähnte Original Gmundner Torte. Verspeist wird all das in klassischer Kaffeehausatmosphäre, die sich schon ab der einladenden, nostalgischen Holzfassade präsentiert.

Blick von der Esplanade aufs Seeschloss Ort

Leinen los beim Landhaus zu Appesbach

Wolfgangsee

18

Kulinarisches Glück zwischen Pilgerweg und Schäfchenwolken

STADT SALZBURG – WOLFGANGSEE
CA. 36 KM / 42 MIN.

Den Wolfgangsee sollte man sich eigentlich ganz traditionell erarbeiten: Der dramatisch von Zwölferhorn und Schafberg umrahmte See birgt uralte Heiligtümer, Wallfahrtsorte und Pilgerwege, die nicht nur Geschichten erzählen, sondern auch zu spektakulären Aussichtsplätzen führen. Dort findet man heilende Steine und sagenumwobene Inseln, Panoramablicke und Wanderpfade und erkraxelt sich so nicht nur einige Jahrhunderte Geschichte, sondern verliert auch gleich ein paar Hundert Kalorien – und die kann man am Wolfgangsee ganz wunderbar wieder rückführen. Gediegene Wirtshäuser und zeitgeistige Lokale, Romantikterrassen, ein englisches Landhaus mit eleganter Strandbar, bunte Kaffeehäuser und Weinseligkeit findet man an den Ufern zwischen St. Wolfang und St. Gilgen. Was Sie dabei auf jeden Fall probieren sollten, sind übrigens die berühmten Aberseer Schafmilchprodukte. Hier am Wolfgangsee, der auch als Abersee bekannt ist, weiden nämlich die vielleicht glücklichsten Bio-Schafe der Region. Ich habe sie für dieses Buch zum Interview gebeten und zumindest versucht, ihnen das Geheimnis des cremigen Schafsfrischkäses zu entlocken, der hier vielerorts die Wirtshauskarten ziert.

In diesem Sinne: Tun Sie mir den Gefallen, schnüren Sie die Wanderschuhe und marschieren Sie durch die Fürbergbucht und über den alten Pilgerweg nach St. Wolfgang.

A   Farchen 24
       5342 Abersee
T   +43 622 732 34
W   www.seegut-eisl.at

Das Seegut Eisl und seine Milchlieferantinnen

Auf Schafwolke 7

166

Den wichtigsten Mitarbeiterinnen des Seegut Eisl könnte man fast ihren Arbeitsplatz neidig werden: Eingebettet zwischen den Salzkammergutbergen und dem Wolfgang-see-Ufer liegt der malerische Erbhof der Familie, auf dessen Wiesen rund 140 Milchschafe weiden.

Sie sind kleine weiße Punkte im Blau und Grün der Salzkammergut-Kulisse und sorgen für den wichtigsten Rohstoff, aus dem die berühmten Wolfgangsee-Schafmilchprodukte entstehen: Für die Milchschafherde der Familie Eisl besteht ein Arbeitstag aus der sorgfältigen Verarbeitung aus-gewählter Wiesenkräuter in wertvolle Bio-Milch. Kommt menschlicher Besuch vorbei, so wird dieser maximal mit einem kecken Schulterblick zur Kennt-nis genommen. Ganz schön tiefenentspannt, diese Schafdamen! Die gleiche Stimmungslage legen die Milchlieferantinnen auch beim abendlichen Gang in den Stall an den Tag. Den absolvieren die Schafe mehr oder minder selbstständig und stellen sich, very british, in einer feinsäuberlichen Schlange vor der Melkmaschine an. Ganz ohne Druck, ganz ohne Befehl.

Was aus der so gewonnenen Bio-Milch fabriziert wird, davon kann man sich gleich im Nachbarhaus überzeugen – wenn man selbiges erst ausgiebig bewundert hat.

Die Familie Eisl bewirtschaftet den historischen Erbhof mit seinen grünen Fensterläden bereits seit dem 15. Jahrhundert und widmet sich seit den 80er Jahren der handwerklichen Herstellung von Bio-Schafmilchprodukten: Cremiger Schaffrischkä-se, Joghurt, pur oder mit zugesetzten Bio-Früchten, Fruchtmolke, Schaftopfen oder edler Dessertkäse entstehen hier nur 50 Meter vom Melkstall entfernt. Ihre Qualität ist im wahrsten Sinne des Wortes ausgezeichnet – rund 100 Goldmedaillen heimsten die Spezialitäten der kleinen Hofmolkerei seit den 90er Jahren bereits ein. Seit Kurzem enthält das

Bio-Sortiment zudem eine besondere Neuer-ung. Sohn Josef Eisl widmet sich mit besonderer Hingabe der Produktion von fantastischem Bio-Schafmilcheis, das, so auch die Botschaft der pastellfarbenen Eisbecher, direkt auf Schafwolke 7 versetzt. Es schmeckt viel samtiger und reicher als Kuhmilch-Eis und gibt ein cremigeres Mundgefühl. Grund dafür ist wohl, dass das Naturprodukt selbst eine ganz besondere Zusammensetzung der In-haltsstoffe hat und auch etwas gehaltvoller ausfällt als die altbekannte Milch von der Kuh. Aus dieser frisch gemolkenen Schafmilch, Zucker, Honig, Wald-viertler Bio-Mohn, Wachauer Marillen oder steiri-schen Kürbiskernen entstehen rund 30 cremige und stets wechselnde Bio-Eissorten.

Wer sie verkosten will, hat mehrere Möglichkeiten: Die Familie Eisl unterhält einen Eissalon in der historischen Salzburger Altstadt, in dem sämtliche Sorten pur, in Waffel oder Becher und mit Wunsch samt Bio-Schokoladeglasur über die Theke wan-dern (Seite 81). Wer das Seegut selbst besuchen will, wird hier rund um die Uhr versorgt: Schaffrisch-käse, Joghurt, Molke und auch Eis stehen von 0-24 Uhr im hauseigenen Automaten zum Kauf. Man kann sich die Spezialitäten aber auch österreich-weit mittels eines nachhaltigen Versandsystems nach Hause schicken lassen. Zudem findet man die Schafmilchprodukte der Familie Eisl im regionalen Handel und auf diversen Speisekarten im Raum Salzburg und Salzkammergut.

Portrait

Kaffeewerkstatt

ERLEBNIS LOKAL
KAFFEEKOMPETENZ | ST. WOLFGANG

A   Markt 140
    5360 St. Wolfgang
T   +43 613 893 019 30
W   www.kaffeewerkstatt.eu

Die Kaffeewerkstatt ist
eine Villa Kunterbunt für
Kaffeeliebhaber und alle, die es
werden möchten. Die kreative,
facettenreiche Einrichtung
lässt bei jedem Besuch Neues
entdecken. Berühmt ist das
hier gebotene und auch
für Langschläfer attraktive
Frühstück. Wer nach 12 Uhr
kommt, bestellt Kaiserschmarren
oder Palatschinken aus der
„Schmankerlküche". Reservieren
lohnt sich, allerlei Kaffeezubehör
ist auch käuflich erwerbbar.

Ledererhaus

SEETERRASSE
FEIN UND KREATIV | ST. WOLFGANG

A   Markt 17
    5360 St. Wolfgang
T   +43 613 820 460
W   www.ledererhaus.com

Dank bevorzugter Lage genießt
man im Ledererhaus unmittelbar
am Wolfgangseeufer. Die spannende Karte gibt sich immer wieder kosmopolitisch: Fisch und Co
erhalten etwa exotischen Touch
(zum Beispiel Sashimi von der
Lachsforelle mit Wasabimayo),
die Signatures vom Grill kommen
von regionalen Lieferanten (etwa
Chateaubriand vom Salzburger
Rind oder Seesaibling aus der
Schlossfischerei Fuschl). Gute
Aperitif-Auswahl, freundlicher
Service.

Paul der Wirt

ALT TRIFFT NEU
CHARMANT | ST. WOLFGANG

A   Markt 54/1
    5360 St. Wolfgang
T   +43 613 823 041 20
W   www.paulderwirt.at

Nicht der aktuelle Wirt heißt Paul,
sondern der Begründer dieses
charmanten Wirtshaubetriebs
in St. Wolfgang. Seit dem Jahr
der Grundsteinlegung 1882 hat
sich zwar so einiges geändert,
Bewährtes wird aber nach wie
vor gepflegt. Das merkt man etwa
an den antiken Versatzstücken
in der Einrichtung der modernen
Wirtshausstube, der regionalen
Produktqualität oder den traditionellen Punkten auf der Speisekarte, die jedoch zeitgemäß inter-
pretiert und mit dem Hauch der
weiten Welt ausgestattet werden.

SEE-ECK

KLEIN UND BESONDERS FEIN
TOLLE WEINAUSWAHL | ST. WOLFGANG

A   Markt 92
    5360 St. Wolfgang
T   +43 699 109 164 81
W   www.see-eck.at

Einen richtigen Wohlfühlort finden
Genießer mit dem SEE-ECK:
Das kleine Lokal verführt mit
wechselndem Speiseangebot
und einer umfangreichen, primär
österreichischen Weinkarte, die
auch ausgewiesene Bio-Weine
und Spezialitäten wie Pet Nat
umfasst. Dazu bestellt man von
der fein kuratierten Speisekarte,
die sich stets inspiriert und
kreativ zeigt. Auf der Terrasse
genießt man all das bei Seeblick.

Kaffeewerkstatt

Landhaus zu Appesbach

Romantik Restaurant Kaiserterrasse Im Weissen Rössl am Wolfgangsee

GEDIEGEN | OPERETTENSELIG
ST. WOLFGANG

A   Markt 74
     5360 St. Wolfgang
T   +43 613 823 06
W   www.weissesroessl.at

Schon Peter Alexander wusste, dass hier „das Glück vor der Tür" steht. Im Romantik Restaurant Kaiserterrasse Im Weissen Rössl am Wolfgangsee liegt Liebe in der Luft. Hier speist man gediegen mit Seeblick, die Karte ist klassisch österreichisch geprägt, die Weinkarte ebenso. Die mehrgängigen Romantikmenüs des Hauses lassen sich auch verschenken. Mit dem Seerestaurant, das traditionelle österreichische Küche bietet, unterhält das Weisse Rössl am Wolfgangsee ein zweites „aussichtsreiches" Restaurant.

Landhaus zu Appesbach

TRAUMHAFT GELEGEN | ENTSPANNT GEDIEGEN | ST. WOLFGANG

A   Au 18
     5360 St. Wolfgang
T   +43 613 822 090
W   www.appesbach.com

Das Landhaus zu Appesbach ist ein Sommerfrischerefugium par excellence. Die klassische Villa im englischen Stil bot schon dem britischen Hochadel sommerliches Obdach und lässt auch heute noch Sommertage wie aus dem Bilderbuch erleben. Traumhaft sitzt man an der Strandbar bei Flammkuchen und Bellini, gediegen im Restaurant. Frische, regional verwurzelte Küche mit hervorragender Produktqualität und kreativer Umsetzung, sympathischer Service: Wer will, bleibt gleich mehrere wunderbare Tage im kleinen, aber umso feineren Landhaus.

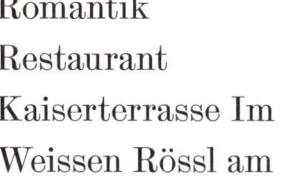

Angusta Café

Angusta Café

BEZAUBERND | TOLLES FRÜHSTÜCK
ST. GILGEN

A   Ischlerstraße 8
     5340 St. Gilgen
T   +43 664 930 157 7
W   www.angusta.at/angusta-cafe.php

Im Angusta Café isst das Auge mit: Das charmante kleine Kaffeehaus nahe des Wolfgangseeufers mit seinen noch charmanteren Betreibern kredenzt feinen Kaffee und bildschönes Frühstück mit Liebe zum Detail. Die Küchlein zum Kaffee kommen aus der hauseigenen Backstube, die Mini-Gugelhupfs sind schon fast legendär. Wer sich Angusta-Flair für zuhause wünscht, kauft im kleinen Concept-Store des Cafés ein. Zum Frühstück ist eine Tischreservierung ratsam.

Angusta

BESTE FLEISCHESLUST
STEAK-RESTAURANT | ST. GILGEN

A   Reitnerstraße 48
     5340 St. Gilgen
T   +43 622 721 012
W   www.angusta.at

Die Namensgleichheit mit dem Café Angusta kommt nicht von ungefähr, beide Häuser werden aus gleicher Hand und ebenso detailverliebt geführt: Im Angusta Steakhaus kommt das namensgebende Angus-Rind brutzelnd auf den Holzofengrill und wird am Tisch frisch aufgeschnitten. Dazu wählt man kreative Beilagen und einen guten Tropfen aus dem Weinkeller. Nicht nur für Steakfreunde ein einmaliger Genuss! Und wer dem Beiried trotz allem die kalte Schulter zeigt, bestellt etwa Risotto oder Fisch.

d'Speis – Genussaufnahme-stube

GEDIEGEN | KREATIV | ST. WOLFGANG

A   Au 36
     5360 St. Wolfgang
T   +43 660 826 007 8
W   www.dspeis.at

„Genussaufnahmestube" nennt sich die urig-gediegene „Speis" in St. Wolfgang. Küchenchef Sandro Gamsjäger blickt auf beeindruckende Stationen in der Spitzengastronomie zurück und setzt nun am heimatlichen Wolfgangsee seine ganz persönliche Küchenphilosophie um. Beste Zutaten regionaler Produzenten treffen auf grenzübergreifenden Input, heraus kommt ein frisches, kreatives Kulinarikkonzept. Reservierung wird angeraten.

Wallfahrtskirche in St. Wolfgang am Attersee

Villa Seilern

Bad Ischl

19

Genüssliches Lustwandeln, nicht nur für Monarchen

STADT SALZBURG — BAD ISCHL
CA. 52 KM / 52 MIN.

Wer würde nicht gerne genießen wie ein Kaiser? In den Straßen und Gassen von Bad Ischl ist dieser Wunsch meist nur eine Türklinke entfernt. In der ehemaligen Sommerfrische-Stadt der Habsburgermonarchie fühlt man sich schnell von historisch-mondänem Flair umfangen: Kopfsteinpflaster, Stuck, barocke Bürgerhäuser, brillantes Zuckerbäckerhandwerk und deftige Salzkammergutküche sind Pflicht und Kür der hiesigen Gastlichkeit und so mancher Betrieb darf sich damit schmücken, schon vom Kaiser aufgesucht worden zu sein. Wer nicht nur zum Flanieren und Gustieren kommt, nutzt das traditionsreiche Kurangebot oder gibt sich der Operettenseligkeit beim Léhar-Festival hin. Mit dem Kurschatten geht's zum Zauner und für Daheimgebliebene werden diverse Spezialitäten auf Vorrat eingekauft.

Doch auch abseits von k.u.k.-Romantik und Nostalgie hat Bad Ischl viel zu bieten: Die lebendige Kleinstadt birgt junge Kaffeehäuser und frische Brasserie-Küche, ein lebendiges Straßenbild und eine reiche Naturumgebung. Entdeckungstouren lohnen sich!

Eine Spurensuche zwischen Sauermilch und Zaunerstollen

Naschen wie ein Kaiser

Bad Ischl wirkt ein wenig aus der Zeit gefallen. Das mag einerseits am pittoresken Stadtbild liegen, in dem barocke Bürgerhäuser neben Jahrhundertwende-Denkmälern stehen, oder daran, dass das kleine Salzkammergut-Städtchen mitunter den Anschein erweckt, als wäre sein berühmtester Gast gerade erst abgereist. Kaiser Franz Joseph I. war es, der die Kurstadt als Sommerfrische-Destination prägte.

Eine Sommerfrische im 19. Jahrhundert war ein umfangreiches Unterfangen: Die kaisertreue Gesellschaft wollte ihrem Monarchen schließlich auch im Sommer nahe sein und übersiedelte daher mit Sack und Pack für einige Monate ins Salzkammergut. Noch heute trifft man den alten Kaiser und seine noch berühmtere Gemahlin Sisi in der „Kaiserstadt" Bad Ischl allerorts an: Im Café Sissi, dem Pavillon Sissikuss, in Kurbehandlungen und Urlaubspauschalen und natürlich im Rahmen des alljährlichen Kaiserfests, das Nostalgiker aus nah und fern in die Stadt bringt. Diese Kaiserverliebtheit hat Bad Ischl auch kulinarisch geprägt. Grund genug für eine Spurensuche nach den Speisezetteln des kaiserlichen Haushalts auf Sommerfrische.

Wenn Sie sich nun einen Spaziergang auf den Spuren der Leibspeisen des Kaisers erwarten, muss ich Sie jedoch enttäuschen: Franz Joseph I. galt als relativ anspruchslos, was seine kulinarischen Vorlieben anging. So liest man, dass sich der Kaiser auf der Ischler Sommerfrische manchmal mit Sauermilch und Schwarzbrot als Nachtmahl begnügte. Das hielt die Zeitgenossen des Kaisers allerdings nicht davon ab, die eine oder andere Speise nach ihm zu benennen, als Gütesiegel gewissermaßen, das besonders herausragende Kreationen identifizieren sollte. Die berühmteste unter ihnen, die gerne mit Franz Josef I. in Verbindung gebracht wird, ist wohl der Kaiserschmarren, um dessen Ursprung sich so manche Legende rankt.

Wer solch Sünden in Bad Ischl verkosten will, besucht dazu die erste Adresse für alles Süße. Die Konditorei Zauner in der Pfarrgasse ist der weit und breit bekannteste und wohl auch gediegenste Lieferant von süßem Hüftgold und durfte sich als solcher auch „k.u.k Hofzuckerbäcker" nennen. Seine wohl berühmteste Kreation, der Zaunerstollen,

bestehend aus einer Schokolade-Haselnuss-Masse mit Schokoladenglasur, entstand im Jahr 1905 und damit noch zu Lebzeiten des Kaisers. Ob Franz Joseph I. diesen gern genascht hat, ist mir nicht bekannt.

Ein anderer süßer Favorit steht jedoch ebenfalls in enger Verbindung mit dem Zauner – um diesen zu erklären, muss ich ein wenig ausholen. Der Kaiser, so hört man, besuchte in Sommerfrische-tagen regelmäßig die Burgschauspielerin Katharina Schratt in ihrem Sommerfrischedomizil und bekam dort Gugelhupf vorgesetzt. Dieser „Schrattgugel-hupf" wurde stets frisch im Hause zubereitet. Man ging aber auf Nummer sicher, wollte man doch stets einen perfekten und damit kaiserwürdigen Gugelhupf zuhause haben. Und so wurde das „Schratt-Rezept" an den getreuen k.u.k. Hofzuckerbäckermeister übergeben. Der produzierte auf speziellen Wunsch ein tägliches „Back-up" für den hausgebackenen Kuchen und lieferte diesen ofenfrisch an den Schratt-Haushalt. Das Rezept für den kaiserlichen Favoriten aus süßem Hefeteig ist daher originalgetreu überliefert.

TIPP:

Wer den „Schrattgugelhupf" nachbacken will, erwirbt Zauners höchsteigenes „k.u.k. Mehlspeisenbuch". Sucht man nach dem Rezept für den ikonischen Zaunerstollen, muss man ein anderes Werk bemühen: Im von Josef Zauner herausgegebenen „Backen vom Feinsten" finden Hobbybäcker ein Rezept, das auch von Nicht-Konditoren hergestellt werden kann.

Weinhaus Attwenger

Kuchltheater

Weinhaus Attwenger

INTERIEUR TRADITIONELL
KÜCHE KOSMOPOLITISCH

A   Leharkai 12
     4820 Bad Ischl
T   +43 613 229 703
W www.restaurant-attwenger.at

Das Weinhaus Attwenger entdeckt man schon von Weitem:
Der traditionell geschnitzte Balkon und weitläufige Gastgarten
münden in heimeliges Interieur
mit Hirschgeweih und Altholz,
die Karte gibt sich im Kontrast
immer wieder kosmopolitisch
und breit gefächert. Was auf den
Tisch kommt, überzeugt feinaro-
matisch. Verantwortlich dafür ist
Küchenchef Tobias Ferś.

Landgasthaus zur Nocken Toni

GEHOBEN | GUTBÜRGERLICH

A   Köhlerweg 1
     4820 Bad Ischl
T   +43 613 223 327
W www.nockentoni.at

Hier kehrte dereinst schon der
Kaiser ein: Das Landgasthaus zur
Nocken Toni erhielt, so informiert
die Webseite, seinen Namen vom
Monarchen höchstpersönlich.
Die gepflegte, gutbürgerliche
Küche des Hauses mit österreichischen Klassikern schenkt
etwa goldiges, butterschmalzge-
bratenes Wiener Schnitzel oder
Zanderfilet in der Kürbiskern-
kruste. Zubereitet wird dies mit
besten regionalen Zutaten und
in kompromissloser Qualität. Wer
klassisch österreichische Küche
auf hohem Niveau sucht, ist hier
richtig.

Kuchltheater

FEINKOST | KREATIV

A   Kreuzplatz 10
     4820 Bad Ischl
T   +43 664 52 47 209
W www.kuchltheater.at

Feine Inszenierungen
hochwertiger Produkte
werden im Kuchltheater am
Kreuzplatz geboten. Das kleine
Lokal mit dem charmanten,
baumbeschatteten Gastgarten
holt Antipasti und Salate, Pasta,
Weine, Mehlspeisen und Eis
vor den Vorhang – regelmäßig
wechselnd und nach saisonalem
Angebot. Die Produzenten sind
dabei handverlesen, die Plätze
gerade im Inneren begrenzt:
Wenn kein Gastgartenwetter
herrscht, sollte man zur
Sicherheit vorab anrufen.

Konditorei Zauner

TRADITIONSBETRIEB
PUPPENSTUBENCHARAKTER

A   Pfarrgasse 7
    4820 Bad Ischl
T   +43 613 223 310
W   www.zauner.at

Betritt man das Stammhaus der Konditorei Zauner in der Ischler Pfarrgasse, wähnt man sich in einem Märchenfilm: Verschnörkelte Vitrinen voller bildschöner Kuchen, Torten und Schnitten, Kellnerinnen in gestärkten Schürzen, Sessel mit rosarotem Samtbezug und historische Szenen auf den Pastelltapeten. Und: Was so zuckersüß aussieht, schmeckt ebenso gut. Die Konditorei Zauner ist die Erfinderin des berühmten Zaunerstollens, einer süchtig machenden Schokolade-Haselnuss-Masse mit Schokoladenüberzug. Bei einem Besuch sollten sie ihn entweder probieren oder direkt für den Heimgenuss erwerben.

Konditorei Zauner

Kaffeesiederei Immervoll

KAFFEE-KÖNIGREICH
GUTES FRÜHSTÜCK

A   Kreuzplatz 25
    4820 Bad Ischl
T   +43 660 214 800 2
W   www.kaffeesiederei.net

Nirgends in Bad Ischl wird Kaffee wohl so zelebriert wie in der Kaffeesiederei Immervoll. Im jugendlich-hippen Ambiente betrachtet man hier eine beeindruckende Sammlung an Kaffeemühlen, während deren „Output" in vorbildlicher Zubereitung auf den Tisch wandert: Je nachdem, ob Espresso, Cappuccino und Co bestellt werden, kommen verschiedene Bohnen-Cuvées aus Arabica und Robusta zum Einsatz – die Karte informiert im Detail. Außergewöhnlich gut ist hier auch die Frühstücksauswahl, die für Langschläfer auch bis 13 Uhr serviert wird. Der Name Immervoll ist gerade beim Frühstück übrigens Programm: Es empfiehlt sich, einen Tisch zu reservieren.

Brasserie 3 Prinzen

MULTIKULTI-TAPAS | FANTASIEVOLL

A   Kaiser-Franz-Josef-Straße 14
    4820 Bad Ischl
T   +43 664 889 632 40
W   www.3prinzen.at

Wer sich einmal quer durch Österreich und weiter um den Globus kosten will, ist mit der Brasserie 3 Prinzen gut beraten. Das kreativ eingerichtete und geführte Lokal bot bei Redaktionsschluss 39 verschiedene Tapas zum Durchkosten, von Grammelknödeln im Mini-Format über Forellen-Tartare auf Chili Poppers bis hin zur kleinen Frühlingsrolle – um ein paar Beispiele zu nennen. Wer es gerne umfangreicher und fleischiger hat, bestellt aus dem Steak-Baukasten oder von der Salatkarte. Als wäre das noch nicht genug, bieten die 3 Prinzen außerdem eine Hausbrauerei.

Gasthaus Siriuskogl

PITTORESK GELEGEN
AUGENWEIDE AUF DEN TELLERN

A   Sulzbach 70
    4820 Bad Ischl
T   +43 660 734 630 2
W   www.siriuskogl.at/kulinarisches

Der Siriuskogl hat nicht nur landschaftlich viel zu bieten: Panoramaaussicht, Wanderwege, Sinneslehrpfad und Kleintiergehege machen ihn zum Familienausflugsziel erster Güte. Doch auch wer sich aus Ponys, Ziegen und Wanderschuhen wenig macht, kommt kulinarisch voll auf seine Kosten. Das junge Team rund um Christoph Held kochte sich in den vergangenen Jahren nicht nur in viele Herzen, sondern auch ins Reich der Gourmetführer. Kein Wunder, ist die Küche nicht nur frisch und inspiriert, sondern auch bunt und vegetarierfreundlich. Am besten reservieren!

Kaffeesiederei Immervoll

Villa Seilern

Angusta Café

Restaurant Villa Seilern

JUNG | HERZLICH

A   Kaiser-Franz-Josef-Straße 3/5
     4820 Bad Ischl
T   +43 664 345 701 9
W   www.angusta.at/
     angusta-cafe-ischl.php

GEDIEGEN | NATÜRLICH

A   Tänzlgasse 11
     4820 Bad Ischl
T   +43 613 224 132
W   www.villaseilern.at

Was am Wolfgangsee wunderbar funktioniert, kann in Ischl nur zum Erfolg werden: Das Angusta Café ist die städtische Zweigstelle des gleichnamigen Kaffeehauses in St. Gilgen (Seite 170), ebenso detailverliebt eingerichtet und sympathisch geführt. Auch hier gibt es guten Kaffee, Kuchen und bildhübsches Frühstück und man fühlt sich auf Anhieb wohl.

Das Restaurant des Villa Seilern Vital Ressort setzt auf natur- nahe, nachhaltige, gesunde und dabei sehr feine Küche, die folgerichtig mit der „grünen Haube" ausgezeichnet wurde. In den unterschiedlichen Sälen und Stüberln sitzt man wahlweise im gediegen-historischen Ambien- te, holzvertäfelt-traditionell oder modern bei klarer Gestaltung.

Villa Seilern

Genussbegleiter

Nachwort

Das waren sie also, unsere gemeinsamen Ausflüge durch Salzburg und das Salzkammergut, zu Kaffeehäusern und Wirtshäusern, Restaurants,Bars, Jausenstationen, Fischereibetrieben, Bäckereien und Gourmettempeln. Ich hoffe, Sie sind ebenso satt und zufrieden wie ich und haben auf den Seiten dieses Buchs viel Köstliches und ein paar neue Favoriten entdeckt.

Bevor ich Sie ziehen lasse, bleibt mir nur noch, Danke zu sagen für die vertrauensvolle Lektüre und die gemeinsamen Abenteuer auf dem Papier, die Sie hoffentlich auch bald „im Feld" umsetzen können.

ZUR ENTSTEHUNGSGESCHICHTE
DES BOSNA
https://www.sn.at/wiki/Balkan_Grill

https://www.traunsteiner-tagblatt.de/
das-traunsteiner-tagblatt/chiemgau-
blaetter/chiemgau-blaetter-2019_
ausgabe,-eine-waschechte-salzburgerin-
namens-bosna-_chid,1678.html

https://www.salzburg24.at/news/
salzburg/stadt/sonntags-talk-mit-
balkan-grill-urgestein-hildegard-
ebner-der-bosna-ursprung-ist-in-
salzburg-56272150

http://www.hanswalter.at/infos-zum-
bosnastand.html

https://www.original-bosna.com/
history.html

ZUR ENTSTEHUNGSGESCHICHTE
DER SALZBURGER NOCKERL
https://www.kulinarisches-erbe.
at/geschichte-der-ess-trinkkultur/
historische-kuechen/oesterreichische-
regionalkuechen/salzburger-kueche/
salzburger-nockerl/

https://www.bmnt.gv.at/land/
lebensmittel/trad-lebensmittel/
speisen/salzburger_nockerln.html

https://www.planet-wissen.de/
kultur/mitteleuropa/salzburg/
pwiesalzburgernockerl100.html

Das Rezept stammt – mit freundlicher
Genehmigung – aus Pernkopf Ingrid,
Renate Wagner-Wittula: Die traditionelle
Österreichische Küche, Pichler Verlag
2012, Seite 385

ZUR GESCHICHTE
DER STIEGLBRAUEREI
https://www.stiegl.at/de/
privatbrauerei/geschichte

ZUR GESCHICHTE
DER SALZBURGER MOZARTKUGEL
http://www.original-mozartkugel.com/
de/geschichte/original_mozartkugel.php

ZU NASCHEN WIE EIN KAISER
https://www.habsburger.net/de/kapitel/
die-hofkueche-wenn-der-kaiser-zu-
tisch-bittet

https://www.bmnt.gv.at/land/
lebensmittel/trad-lebensmittel/
speisen/kaiserschmarren.html

https://www.sn.at/wiki/Sommerfrische

Zauner, Josef
Das große k. u. k. Mehlspeisenbuch:
Die besten Rezepte vom berühmten
Zuckerbäcker aus Bad Ischl, Servus 2017

Praschl-Bichler, Gabriele,
Gerd Wolfgang Sievers:
Kaiserliche Küche. Die Rezepte der
Habsburger, Leopold Stocker 2010.

Anhang / Quellenverzeichnis

Carolina Gnigler

Carolina Gnigler (*1987) hat immer schon für ihr Leben gerne gegessen und gekocht – und mit großem Mitteilungsdrang über beides geplaudert. Kein Wunder also, dass ihr 2013 gegründeter Blog sich ausgerechnet mit der schönsten Nebensache der Welt befasst, dem Essen. Auf guteguete.at schlemmt sie sich quer durch die Stadt Salzburg, verrät Rezepte und Lokaltipps, macht den einen oder anderen Ausflug und flaniert durch die Stadtkultur. Die studierte Kunsthistorikerin, Museumspädagogin und Betriebswirtin arbeitet in der Kreativwirtschaft und lebt mit Mann und Katze in der Stadt Salzburg und am Attersee.

Linke Altstadt

Augustiner Braugasthof
Krimpelstätter 88
Gasthof Goldgasse 184
Bio Restaurant Humboldt 89
Wirtshaus Zwettler's 88
Gasthaus Hinterbrühl 88
Arthotel Blaue Gans 97
Geheime Specerey 101
St. Peter Stiftskulinarium 101
M32 58
Restaurant Goldener Hirsch 104
Restaurant Triangel 106
Resch & Lieblich 104
Fasties Altstadt 20
Maneki Neko 51
Afro Café 55
Casa Portuguesa 55
Restaurant Stieglkeller 118
Stadtalm 59
Balkan Grill 37
Kim 168 40
Pommes Boutique 41
Café-Konditorei Fürst 83
Konditorei Schatz 79
Eisl Eis 81
Berger Feinste Confiserie 80
Confiserie Braun 80
Fabi's Frozen Bio Yogurt 80
Höfingers Eisladen 81
220 Grad 69
Kaffee-Alchemie 64
Café Tomaselli 65
We love Coffee 69
Coffeesmith 63
Glüxfall 20
Afro Café 55
St. Peter Stiftsbäckerei 11
Bäckerei Ursprunger 24
Café-Bäckerei Holztrattner 25
Sporer Likör- und
Punschmanufaktur 12
bollicine – aperitivo e bar 128
SEPPO Caffè e Spumante 128
Mentor's Bar 129
Murphy's Law Irish Pub 129
Divinotinto 127
Enoteca Venexia 133
K+K Tagesbar 134

Rechte Altstadt

Sacher Café,
Grill und Bar 78, 99, 135
Andreas Hofer Weinstube 87
Zum fidelen Affen 89
KO.Co Kocherei & Co 88
Johanneskeller
im Priesterhaus 87
Flavour Weinbar & Restaurant 97
Restaurant Köchelverzeichnis 98
Edlmann's im Bruderhof 31
Ludwig –
Das Burger Restaurant 19
Die Cabreras 54
Seven Senses 58
Franziskischlössl 58
Café Bazar 64
Die Pâtissière 79
Favorite Kamer 71
Darwin's Café Bar 135
Alchimiste Belge 118
Beffa Bar 118
Vinothek De Gustibus 127
Natural Wine Dealers
@ Entoteca Settemila 133
Wein & Co 133
The Salzburg
Whiskey Museum 133

Neustadt (Andräviertel) und Elisabethvorstadt

Strobl Stüberl 86
Gusta-V 31
Ristorante Pasta e Vino 53
Istra Konoba 54
Bistro de Márquez 55
Hibiskus – Koreas Küche 54
Imlauer Sky –
Bar & Restaurant 59
Lakhi – Lucky Food 41
Mag. Gurtners Backhendl 41

Pommes Boutique 41
M Passione 78
Café Wernbacher 65
Café im Park 30
Röstzimmer 15 71
Café-Konditorei Fingerlos 18
Academy Bar 135
Vitalbistro Leichtsinn 32
Fasties 20
hu:goes 14 59
Bäckerei Rösslhuber 25
Jazzit Bar 134

Mülln und Riedenburg

Augustiner Bräustübl 13
Bärenwirt 86
Esszimmer 96
The Glass Garden 97
Magazin: 31
La Piraña 40
Osteria Cavalli 54
Konditorei Rainberg 80

Nonntal, Aigen und Salzburg Süd

Restaurant Paradoxon 96
Restaurant Brunnauer 98
The Green Garden 19
Pizzeria Casaantonio e
piccolo Giò 55
Ristorante Pizzeria
Da Giacomo 53
Gasthof Schloss Aigen 88
Pur:lsst 32
Pommes Boutique 41
Der Tortenmacher 78
220 Grad 69
Bäckerei Funder 24

Schallmoos

Der Weiserhof bei Jules	86
Kastner's Schenke –	
s'kloane Brauhaus	119
Bauchladen	31
Restaurant Bangkok	53
Ichi Go Ichi E Ramen Bar	52
Leks Thai Küche	52
Die Weiße	119
Urbankeller	119
Fuxn –	
Salzburger Volkswirtschaft	122
Burdock Punch & Cocktails	133
The Jigger Bar	134

Maxglan, Taxham, Lehen und Liefering

Restaurant Ikarus,	
Carpe Diem Lounge –	
Café und Mayday Bar	94
DIDIlicious	31
Yaoyao	51
Kushi Hachi	52
Marktcafé in der Panzerhalle	69
Bio-Bistro im Rochushof	20
Stiegl Brauwelt	122
Weinstöckl Stadtheuriger	135
Huber's im Fischerwirt	96
Tokyo Bay	53
Trumerei	117

Itzling, Maria Plain und der Salzburger Norden

Gasthof Maria Plain	87
Mostschenke im	
Rauchenbichlgut	89
Restaurant Auerhahn	98
SENNS.Restaurant	99
Pfefferschiff	101
Schmaus & Browse	30
Osteria NOI	54
Pommes Boutique	41
Bäckerei-Konditorei	
Anton Hofmann	24
Schweiger Deli	18
Wirtshaus im	
Brauhaus Gusswerk	122
Café-Bäckerei Rösslhuber	25

Hallein, Grödig und Golling

Grüll Fischspezialitäten und	
Bistro	32
Pan Café	104
Restaurant –	
Bodega Toro Toro	106
Genusskrämerei	106
Konditorei Café Braun	80
Hohlwegwirt	104
Konoba Pinna Nobilis	104
Döllerers Genusswelten	107
Braugasthof im	
Hofbräu Kaltenhausen	123

HINWEIS: MIT DER ÜBERBLICKSKARTE
AUF DER FOLGENDEN SEITE FINDEN SIE
JE NACH GUSTO IM HANDUMDREHEN
DAS PASSENDE LOKAL IN DER NÄHE!

Salzburg

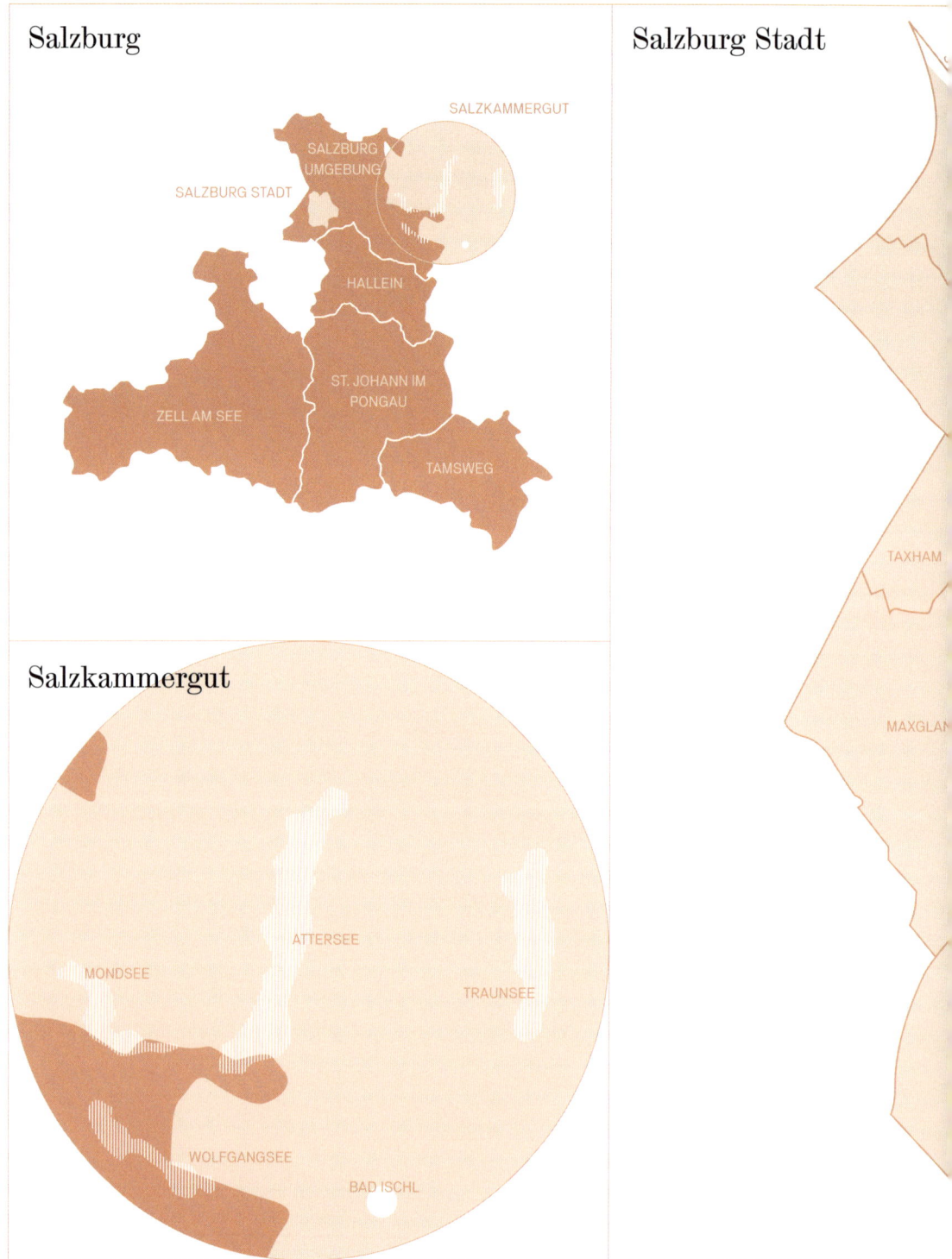

SALZKAMMERGUT

SALZBURG UMGEBUNG

SALZBURG STADT

HALLEIN

ST. JOHANN IM PONGAU

ZELL AM SEE

TAMSWEG

Salzkammergut

ATTERSEE

MONDSEE

TRAUNSEE

WOLFGANGSEE

BAD ISCHL

Salzburg Stadt

TAXHAM

MAXGLAN

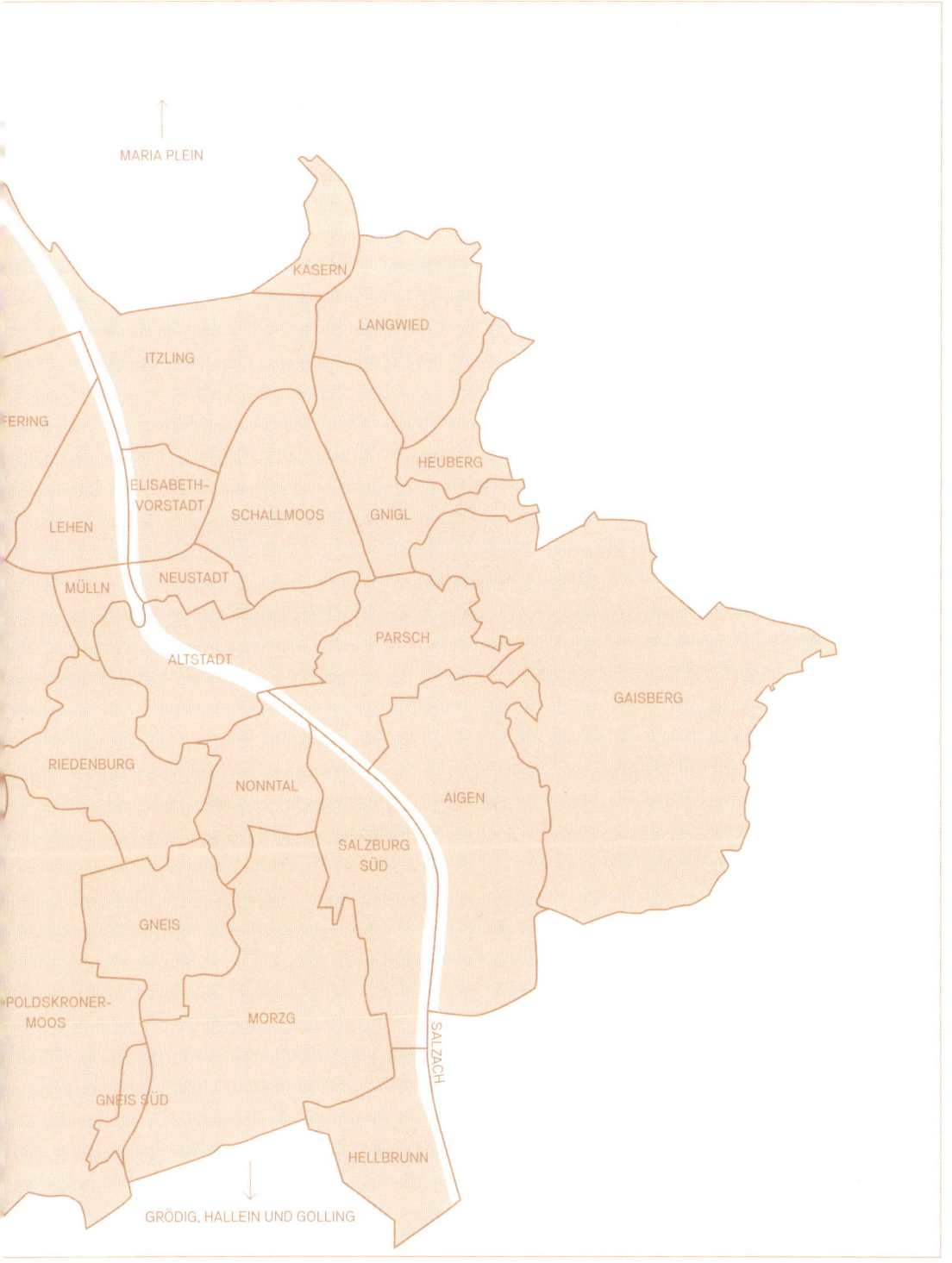

MARIA PLEIN

KASERN

LANGWIED

ITZLING

FERING

HEUBERG

ELISABETH-
VORSTADT

SCHALLMOOS

GNIGL

LEHEN

MÜLLN

NEUSTADT

PARSCH

ALTSTADT

GAISBERG

RIEDENBURG

NONNTAL

AIGEN

SALZBURG
SÜD

GNEIS

POLDSKRONER-
MOOS

MORZG

SALZACH

GNEIS SÜD

HELLBRUNN

GRÖDIG, HALLEIN UND GOLLING

im Überblick

Für Uta, Handmodel und Genusskomplizin. Für
meine Mama, die beste aller Ausflugsbegleiterinnen.
Für Sonja, Claudia und alle anderen, die ihre Lieb-
lingsorte mit mir geteilt haben. Für meinen Mann,
der persönliche Foto-Chauffeur und Kaffee-Aficionado.
Und für alle meine Leserinnen und Leser und ihren
nie versiegenden Strom an Tipps, Meinungen und
sachdienlichen Hinweisen. Ohne euch würde es dieses
Buch nicht geben.

Widmung

Genießen in

Oststeiermark & Vulkanland

Unterwegs zu
Wein Kulinarik und
Lebensfreude

Styria VERLAG

Tina Veit-Fuchs

Die erfolgreiche
„Genießen in" Reihe geht
schon im Mai 2020
in die nächste Runde.

- Ein Buch voller Genussdestinationen
  von Hirschbirne bis Wollschwein, von Sterz
  bis Apfelwein

- Mit Insidertipps und Hintergrundgeschichten
  zur Region und ihren fantastischen Produkten

Zwischen unzähligen Apfelreihen, erlesenen
Wirtshäusern und edlen Manufakturen gedeihen
in Gärten, Küchen und Kellern der Oststeiermark
und des Vulkanlands Wein, Kulinarik, Handwerk
und Lebenskraft. Kleinräumige Landwirtschaft,
sanfter Tourismus und multikulturelle Vergangenheit prägen hier Landschaft, Menschen und
Miteinander. Entschleunigung und Erholung pur!
Mit rund 400 ausgewählten Adressen führt
Tina Veit-Fuchs zu Streuobstwiesen und Almen,
Weingärten und heilenden Quellen in die Grenz-
region Südoststeiermark (Vulkanland) und in den
Garten Österreichs, die Oststeiermark.

Tina Veit-Fuchs
Genießen in Oststeiermark
& Vulkanland
Unterwegs zu Wein, Kulinarik
und Lebensfreude

Klappenbroschur mit
Sonderausstattung
Durchgängig Farbabbildungen
16,5 x 22,5 cm;
192 Seiten

ISBN 978-3-222-13657-3
Styria Verlag
€ 27,–
WG: 1.312 Reiseführer Europa
Erscheint am 12. Mai 2020

Impressum

Liebe Leserin, lieber Leser,
haben Ihnen unsere kulinarischen Ausflüge durch die Stadt
Salzburg gefallen? Dann freuen wir uns über Ihre Weiterempfehlung.
Würden Sie sich gerne genauer über Salzburg und das
Salzkammergut informieren? Möchten Sie mit der Autorin in
Kontakt treten? Wir freuen uns auf Austausch und Anregung
unter leserstimme@styriabooks.at

Inspirationen, Geschenkideen und gute Geschichten finden Sie auf
www.styriabooks.at

STYRIA
BUCHVERLAGE

Styria Buchverlage
© 2020 by Styria Verlag
in der Verlagsgruppe Styria GmbH & Co KG
Wien – Graz
Alle Rechte vorbehalten
ISBN 978-3-222-13643-6

Bücher aus der Verlagsgruppe Styria gibt es
in jeder Buchhandlung und im Online-Shop
www.styriabooks.at

Fotos inkl. Coverfoto:
Alle Fotos mit Ausnahme S. 66 (© 220 GRAD) und
S. 107 (© Jörg Lehmann/Döllerers Genusswelten)
stammen von der Autorin.

Projektleitung: Ulli Steinwender, Sophie Wolf
Lektorat: Carina Manutscheri
Buch- und Covergestaltung: Great Design /
Raphael Drechsel, Lisa Eder

Druck und Bindung: Finidr
7 6 5 4 3 2 1
Printed in EU